# ...PENSABLE

## AU ...S-MUSÉE

## DE VERSAILLES,

DONNANT :

1º L'ordre à suivre pour visiter le Palais ;

2º La distribution et les compositions des Galeries, Salles et Appartemens ;

3º L'explication, par ordre de numéros, des Tableaux, Portraits, Statues, etc., contenus dans le Musée ;

4º La description des Jardins et du Parc, leurs statues, bosquets et pièces d'eau ;

5º L'adresse des Restaurateurs, Cafés, Marchands-de-Vins-Traiteurs ; Etablissemens de Bains chauds; Bureaux des voitures pour Paris, etc., etc.

## PAR J.-B. DE SAINT-MARCEL,

Ancien garde-sous-inspecteur des Musées et Archives.

## Au Dépôt central à Versailles,

AVENUE DE SAINT-CLOUD, 3 ;

BUREAUX DES GONDOLES ET DES ACCÉLÉRÉES
ux portes du Château, par tous les Vendeurs publics.

### A PARIS,

Chez l'Éditeur, place de l'Odéon, 4.

# Entrées.

1. Au nord *, par le vestibule de la cour de la Chapelle ;
2. Au midi, par le vestibule de la cour des Princes.

---

# Sorties.

1. Au nord, par le vestibule de la cour de la Chapelle ;
2. Au nord, par le porche-nord de la cour Royale ;
3. Au midi, par le vestibule de la cour des Princes ;
4. Au midi, par le porche-sud de la cour Royale.

* Le nord se prend du côté de la rue des Réservoirs, vers la Chapelle, et le midi, de la rue de la Surintendance.

---

## EXPLICATION DES ABRÉVIATIONS.

*aq.*, aquarelle.
*att.*, attribué.
*cap*, capitaine.
*duch.*, duchesse.
*g.* gouache.
*l.-col.*, lieutenant-colonel.
*l.-gén.*, lieutenant-général.
*lieut.*, lieutenant.
*ma<sup>l</sup>.* maréchal.

*m.-de-c.*, maréchal-de-camp.
*m. de Fr.*, maréchal de France.
*l.-c. d'inf.*, lieutenant-colonel d'infanterie.
*marq.*, marquis ou marquise.
*s.-l.*, sous-lieutenant.
— évite la répétition d'un même sujet reproduit par divers peintres.

VERSAILLES. — IMP. MICHEL FOSSONE.

# ORDRE A SUIVRE

## POUR VISITER

# LE PALAIS-MUSÉE

## DE VERSAILLES.

Vous arrivez au *Palais-Musée* de Versailles par la place d'Armes et la grille de la cour Royale ; au milieu de cette cour, vous pouvez remarquer la statue équestre de Louis XIV, de Carteillier, et autour, seize autres statues en marbre, de noms illustres en France, tels que :

| A DROITE, | A GAUCHE, |
|---|---|
| *Bayard*, par Martin. | *Duguesclin*, par Bridan. |
| *Colbert*, par Milhomme. | *Sully*, par Espercieux. |
| *Richelieu*, par Barnet père. | *Suger*, par Stouf. |
| *Jourdan*, par Espercieux. | *Lannes*, par Collamard. |
| *Masséna*, par . . . . | *Mortier*, par Deseine. |
| *Tourville*, par Marin. | *Duquesne*, par Rogrin. |
| *Duguay-Trouin*, par Dupasquier. | *Condé*, par David. |
| *Turenne*, par Coïs. | *Suffren*, par Lesueur. |

Remarquez aussi, dans cette cour, près les piédestaux placés de chaque côté de la grille, au nord, *les Victoires de la France sur l'Empire*, par de Marsy ; *l'Abondance*, par Coysevox ; au sud, *les Victoires de la France sur l'Espagne*, par Girardon ; *la Paix*, par Tuby.

De cette cour vous passez dans celle des Princes, et vous entrez dans le Palais par le porche de l'escalier des princes, après avoir toutefois remarqué, avant d'y entrer, la cour de marbre, le balcon en marbre blanc et les colonnes qui le soutiennent les balustrades et les sculptures dorées, les bustes en marbre blanc, ainsi que les groupes et les statues qui couronnent l'édifice : *Hercule se reposant de ses victoires*, par Girardon, et le *Dieu de la guerre*, par Marsy, formant deux statues à demi-couchées, semblent soutenir l'horloge, méritent aussi votre attention.

Delà, vous parcourez successivement les salles situées à la suite les unes des autres, que l'on a consacrées aux sujets empruntés aux campagnes de Napoléon; arrivé à la dernière ( *la Salle de Marengo*), vous revenez par la galerie des statues, à l'escalier des princes, au haut duquel vous trouverez l'entrée de la *grande Galerie des Batailles*, que vous parcourrez jusqu'à la *Salle de 1830*, qui est à la suite. Vous revenez par la galerie des statues, sise au même étage, à l'escalier du pavillon d'Orléans, où vous arriverez à la galerie en attique, qui renferme les Portraits modernes. A son extrémité, vous revenez sur vos pas, et redescendez, par le même escalier, au palais du premier étage de celui des princes, vous entrez dans la *Salle de 1792* ( ancienne salle des Cent-Suisses ), d'où vous passez à droite dans les appartemens de l'aile vieille, réservée aux gouaches des campagnes de Napoléon. Revenu à la salle de 1792, vous parcourez les quatre salles suivantes, qui renferment les tableaux des campagnes de 1793 à 1795, et delà vous arrivez au vestibule de l'escalier de marbre, où vous trouvez l'entrée des appartemens particuliers du roi. — Quand vous avez traversé la première pièce, vous passez à la seconde, et delà à celle dite l'*OEil-de-bœuf*. Vous arrivez ensuite à la chambre de Louis XIV, au cabinet du roi et à la salle de Louis XV, d'où vous revenez sur vos pas jusqu'à l'escalier de marbre, que vous descendrez ; vous traversez la cour royale pour aller au vestibule Gabriel, où vous montez l'escalier qui conduit à la *Salle des Croisades*, et à celle des *Etats-Généraux*. — Vous sortez alors sur le palier du grand escalier, dont l'extrémité opposée donne entrée au *Salon d'Hercule ;* vous parcourez les grands *Appartemens du roi et de la Reine* dans toute leur étendue, sur le jardin, jusqu'à la *Salle du sacre de Napoléon* inclusivement ; revenu alors à l'escalier de marbre, vous le descendez de nouveau ; visitez les vestibules de cet escalier, entrez dans les appartemens qui bordent la cour de marbre, et parcourez les salles où sont placées les *Vues des Châteaux et Jardins royaux*, ainsi que celle où se trouve la série complète des *Portraits de tous les rois de France*, le *Vestibule à colonnes de Louis XIII*, la *Salle des Tableaux-Plans*, et celle *des Marines*.

Delà vous revenez par la cour royale, ou si vous le préférez, par l'intérieur, aux vestibules de l'escalier de marbre, d'où vous passez dans le petit vestibule des grands amiraux.

Du côté du parterre vous parcourez les *Salles des grands Amiraux*, *des Connétables*, *des Maréchaux de France*, la galerie de Louis XIII, la suite des Maréchaux et les deux *Salles des Guerriers célèbres ;* alors vous traversez la voûte du grand escalier projeté ( aile Gabriel ). Vous passez à gauche sous le porche, vous arrivez au *Vestibule de la Chapelle*, vous faites le tour de la Chapelle au rez-de-chaussée, et vous entrez dans l'*Aile du Nord*.

Vous parcourez les salles du rez-de-chaussée de cette aile, située du côté du parc; elles renferment une série de Tableaux reproduisant les événemens de l'histoire de France, depuis Clovis jusqu'à Louis XVI; au bout de ces salles, montez un grand escalier, dont le palier conduit au *Théâtre;* quand vous l'aurez visité, vous sortez par la même issue, et vous montez au premier étage de la *Galerie des Statues*, qui donne sur les cours intérieures, et delà vous passez dans les *Tribunes de la Chapelle*, après avoir traversé la grande salle qui le précède; après en avoir fait le tour, vous visitez les salles du premier étage de l'aile du nord, qui donnent sur le jardin, où vous trouverez une série de Tableaux consacrés à l'Histoire, commençant à la campagne de 1792, et finissant à Louis-Philippe I<sup>er</sup>.

Vous montez ensuite à l'étage de l'attique, formant une nombreuse collection de *Portraits historiques antérieurs à 1789*, ainsi que la *Série complète des Médailles de l'Histoire de France*. Vous entrez dans ces salles par la longue suite qui a vue sur le jardin, vous revenez par la galerie donnant sur les cours, jusqu'au grand escalier, que vous redescendez jusqu'à la galerie du rez-de-chaussée, et ainsi vous sortez du *Palais-Musée* par le vestibule et le porche de la Chapelle.

# GALERIES, SALLES ET APPARTEMENS DU CHATEAU.

## CENTRE.

### rez-de-chaussée.

1. Salle des Amiraux de France;
2. Salle des Connétab'es;
3. Salle des Maréchaux;
4. Galerie de Louis XIII;
5. Salle des Maréchaux;
6. Salle des Guerriers célèbres;
7. Vestibule de Louis XV, aujourd'hui *Salle des Marines.*
8. Salle des rois de France;
9. Salle des Résidences et Châteaux royaux.

### premier étage.

1. Ancienne Salle des Gardes;
2. Ancienne Salle du grand Couvert;
3. Anciens petits Appartemens de la reine Marie-Antoinette;
4. Œil-de-Bœuf;
5. Chambre de Louis XIV;

Cette chambre est peut-être ce qu'il y a de plus remarquable, on y voit le lit de Louis XIV, sur le dossier duquel est brodé *l'Amour endormi sur un lit de fleurs*; au milieu, des *Nymphes*; au ciel-de-lit, le *Sacrifice d'Abraham*; au plafond est le plus beau tableau que renferme le Musée de Versailles, *Jupiter foudroyant les Titans*, par Paul Véronèse; il décorait la salle du Conseil des Dix, à Venise; c'est à Napoléon que l'on doit ce chef-d'œuvre. — Voyez aussi, sur la table à gauche de la cheminée, ce coussin de velours rouge, qui rappelle plus d'un souvenir conjugal par l'emploi qu'en fit Louis XIV, et ensuite Louis XV, lorsqu'ils devaient aller voir la reine.

6. Cabinet de Louis XIV;

On y voit la table sur laquelle travaillait Louis XIV, ainsi que l'horloge de Morand, qui n'était pas horloger; lorsque l'heure va sonner, deux coqs chantent chacun trois fois en battant des ailes.

7. Les Cabinets;
8. Chambre de Louis XV;
9. Salon des Pendules;
10. Cabinet des Chasses;
11. Salle du Déjeûner, anciens *Appartemens de Mme de Maintenon;*
12. Le Confessionnal;
13. Cabinet de Louis XVI, ancienne *Salle à manger de Louis XIV;*
14. Salles de la Vaisselle d'or;
15. Ancien Salon des Porcelaines;
16. Bibliothèque;

C'est dans cette salle qu'on a le projet de réunir la Collection des Mémoires et Ouvrages sur l'Histoire de France.

17. Petite Salle à manger de Louis XV;
18. Ancien Cabinet des Médailles;
19. Salle des Croisades;
20. Salle des Etats-Généraux;
21. Salon d'Hercule;
22. Salon de l'Abondance;
23. Salon de Vénus;
24. Salon de Diane;
25. Salon de Mars;
26. Salon de Mercure;
27. Salon d'Apollon (*Salle du trône*);
28. Salon de la Guerre;
29. Grande Galerie des Glaces;

Elle a 222 pieds de longueur, 52 de largeur et 40 de

hauteur, éclairée par dix-sept croisées, donnant sur les jardins; au plafond, une peinture de Lebrun, représentant l'*Apothéose de Louis XIV*, composée de neuf grands tableaux; c'est dans ce salon que se célébrèrent les fêtes du mariage du duc de Bourgogne et celles de l'arrivée à Versailles de Marie-Antoinette. Ce fut aussi dans ce salon qu'eurent lieu les fêtes données par Louis-Philippe à l'occasion de l'ouverture du Musée de Versailles et du mariage du duc d'Orléans, son fils, avec la princesse Hélène de Mecklembourg.

30. Salon de la Paix;
31. Chambre à coucher de la Reine;

Trois reines ont couché dans cette chambre, Marie-Thérèse d'Autriche, femme de Louis XIV; Marie Leczinska, femme de Louis XV, et l'infortunée Marie Antoinette, qui y fut réveillée par le peuple insurgé, qui accourait de Paris, dans la nuit du 6 octobre 1772.

32. Salon de la Reine;
33. Salle du grand Couvert;
34. Salle des Gardes de la Reine;
35. Salle du Sacre;

On y voit le tableau du sacre de Napoléon, par David; les dessus de portes sont de Gérard.

36. Salle de 1792;
37. Salle des Gouaches;
38. Salle des Campagnes de 1793, 1794, 1795.

## COTÉ DU MIDI.

### rez-de-chaussée.

1. Galerie de Napoléon;

Cette galerie, sous Louis XV, servait d'appartement au comte de Charolais et à mademoiselle de Charolais, sa sœur, où cette dernière, chaque année, s'environnait, pour cause, du plus grand secret, pendant neuf mois. — Plus tard, les enfans de France, comte de Provence et le comte d'Artois, frères de Louis XVI, y résidèrent; la princesse de Lamballe y demeura aussi. —

Aujourd'hui cette galerie, composée de douze salles séparées par un vestibule à colonnes, est consacrée aux *Batailles de Napoléon*, depuis 1776 jusqu'en 1809.

2. Galerie de Sculpture.

—

## premier étage.

1. Grande Galerie des Batailles ;
2. Salle de 1830 ;

Cette salle renferme les tableaux qui ont rapport à la révolution de 1830.

3. Galerie de Sculpture, *dite* de Louis XIV.

—

## attique.

Galerie des Portraits depuis 1790.

═══

# COTÉ DU NORD.

## rez-de-chaussée.

1. Galerie de l'Histoire de France ;
2. Galerie des Statues et Tombeaux des rois de France.

—

## premier étage.

1. La Chapelle ;

On peut remarquer dans cette belle Chapelle, dans la chapelle du Saint-Sacrement, le tableau de Sylvestre, représentant *Jésus-Christ faisant la pâque avec ses disciples;* dans celle de Saint-Louis, la *Bataille de Massour,* à l'instant où le saint roi visite les blessés ; dans celle de la Vierge, une *Assomption,* par Boulogne, et dans celle de Sainte-Thérèse, l'*Extase de cette sainte,* par Sancerre.

2. Deuxième Galerie de l'Histoire de France ;

**3. Deuxième Galerie des Statues et Tombeaux des rois de France.**

—

## attique.

Galerie des Portraits jusqu'en 1792 , ainsi que la Collection de toutes les Médailles françaises que Louis-Philippe y a réunies.

### OPÉRA (AILE DU NORD).

Cette salle, construite par Louis XV, sur les conseils de madame de Pompadour, fut terminée en 1759, et inaugurée en mai 1770 pour le mariage de Louis XVI avec Marie-Antoinette. Pendant la révolution, sous l'empire et la restauration, les portes furent fermées, et Louis-Philippe, en mai 1837, l'inaugura de nouveau par la représentation brillante qu'il y fit donner à l'occasion du mariage du duc d'Orléans, son fils, avec la princesse Hélène de Mecklembourg.

—

Nous donnerons de suite, par ordre de numéros, les Tableaux, Portraits, Statues, etc., renfermés dans les Salles ci-dessus désignées ; ensuite viendront : la description des Jardins et Parc ; l'adresse des Restaurateurs, Cafés et Marchands-de-Vins-Traiteurs de la ville, ainsi que celle des Etablissemens de Bains chauds, etc., des Bureaux des diverses Voitures pour Paris et les environs.

# INDICATION

DES

## Peintures, Portraits et Sculptures

DU

## PALAIS-MUSÉE DE VERSAILLES,

AVEC

## LEURS NUMÉROS D'ORDRE.

———

## PEINTURES.

1. Bataille de Tolbiac, 496, *A. Scheffer.*
2. Baptême de Clovis, 496, *Dejuine.*
3. Entrée de Clovis à Tours, 508, *Robert-Fleury.*
4. Champ-de-Mars, 615, *Alaux.*
5. Funérailles de Dagobert à St.-Denis, 638, *Tassaert.*
6. Bataille de Tours, 732, *Steuben.*
7. Sacre de Pépin-le-Bref, 754, *F. Dubois.*
8. Champ-de-Mai, 767, Alaux.
9. Charlemagne passe les Alpes; 773, *E. Roger.*
10. Charlemagne couronné roi d'Italie, 774, *Jacquand.*
11. Charlemagne dictant les Capitulaires, *A. Scheffer.*
12. Alcuin présenté à Charlemagne, 780, *J. Laure.*
13. Charlemagne reçoit la soumission de Wilikind, 785, *Scheffer.*
14. Charlemagne associe à l'empire Louis-le-Débonnaire, 813, *Alaux.*
15. Bataille de Fontenay, 841, *Tony Johannot.*
16. Combat de Brissarthe, 866, *Lehmann.*
17. Bataille de Saucourt, 880, *Dassy.*
18. Eudes fait lever le siége de Paris, 888, *Schnetz.*
19. Lothaire défait l'empereur Othon II, 978, *Durupt.*
20. Hugues Capet proclamé roi de France, 987, *Alaux.*
21. Levée du siége de Salerne, 1000.
22. Bataille de Civitella, 1053.
23. Combat de Céramo, 1061.

24. Henri de Bourgogne reçoit l'investiture du comté de Portugal, 1094.
25. Prédication de la première croisade à Clermont en Auvergne, 1095.
26. Adoption de Godefroy de Bouillon par Alexis Comnène, 1097.
27. Bataille sous les murs de Nicée, 1097.
28. Prise d'Antioche par les croisés, 1098.
29. Prise de Jérusalem, 1099.
30. Godefroy de Bouillon élu roi de Jérusalem, 1099.
31. Le même dédie au Saint-Sépulcre les trophées d'Ascalon, 1099.
32. Affranchissement des Communes, 1113, *Alaux*.
33. Institution de l'ordre de St.-Jean-de-Jérusalem, 1119.
34. Louis-le-Gros prend l'oriflamme à Saint-Denis, 1124, *Jollivet*.
35. Prédication de la deuxième croisade à Vezelay en Bourgogne, 1146.
36. Louis VI force le passage de la Méandre, 1148.
37. Philippe-Auguste prend l'oriflamme à St-Denis, 1190.
38. Siége de Ptolémaïs, 1191.
39. Ptolémaïs remise à Philippe-Auguste et à Richard-Cœur-de-Lion, 1191.
40. Philippe-Auguste cite le roi Jean devant la cour des pairs, 1203, *Alaux*.
41. Prise de Constantinople par les croisés, 1200.
42. Baudoin, comte de Flandre, couronné empereur de Constantinople, 1204.
43. Bataille de Bovines, 1214, *Horace Vernet*.
44. Bataille de Taillebourg, 1442, Delacroix.
45. Débarquement de Saint Louis en Égypte.
46. Saint Louis reçoit à Ptolémaïs les envoyés du Vieux de la Montagne, 1251.
47. Saint-Louis rendant la justice sous le chêne de Vincennes, *Rouget*.
48. Saint-Louis médiateur entre le roi d'Angleterre et ses barons, 1264, *Rouget*.
49. Mort de Saint-Louis, 1270, *Rouget*.
50. Prise du château de Foix, 1272, *Saint-Evre*.
51. États-Généraux de Paris, 1303, *Alaux*.
52. Parlement rendu sédentaire à Paris, 1302, *Alaux*.
53. Bataille de Mons-en-Puelle, 1315, *Martin*.

54. Affranchissement des serfs, 1315, *Alaux*.
55. Etats Généraux de Paris, 1328, *A. de Pujol*.
56. Bataille de Cassel, 1328, *Scheffer*.
57. Combat de 30 Bretons contre 30 Anglais, 1351.
58. Bataille de Cocherel, 1364.
59. États Généraux de Paris, 1369, *Alaux*.
60. Fondation de la Bibliothèque royale à Paris, 1379, *Saint-Evre*.
61. Mort de Duguesclin, 1380, *Brenet*.
62. Bataille de Rosbeck, 1382, *A. Johannot.*
63. Bataille de Beaugé, 1421, *par le même*.
64. Jeanne d'Arc devant Charles VII, 1429, *Saint-Evre*.
65. Levée du siége d'Orléans, 1429, *Scheffer*.
66. Sacre de Charles VII à Reims, 1429, *Vinchon*.
67. Entrée de l'armée française à Paris, 1436.
68. Retour du parlement à Paris, 1436, *Alaux*.
69. Bataille de Saint-Jacques, 1444, *A. Johannot*.
70. Entrée de Charles VII à Rouen, 1449, *Decaisne*.
71. Bataille de Formigny, 1450, *Lafaye*.
72. Entrée des Français à Bordeaux, 1451.
73. Bataille de Castillon, 1453.
74. Défense de Beauvais, 1472, *Cibot*.
75. Levée du siége de Rhodes, 1480.
76. Etats-Généraux de Tours, 1484, *Alaux*.
77. Mariage de Charles VIII et d'Anne de Bretagne, 1491, *Saint-Evre*.
78. Isabelle d'Aragon implore Charles VIII en faveur de sa famille, 1494, *Fragonard*.
79. Entrée de Charles VIII à Aquapadente, 1494.
80. Entrée de Charles VIII à Naples, 1495, *Féron*.
81. Bataille de Fornoue, 1495, *par le même*.
82. Bataille de Séminara, 1495, *Brune*.
83. Clémence de Louis XII, 1498, *Gassies*.
84. Bayard sur le pont de Garigliano, 1503, *Larivière*.
85. Les Etats-Généraux de Tours, 1506, *Bézard*.
86. Bataille d'Agnadel 1509, *Jollivet*.
87. Prise de Bologne, 1511, *Larivière*.
88. Prise de Brescia par Gaston de Foix, 1512, *Larivière*.
89. Bataille de Ravennes, 1512, *A. Scheffer*.
90. François I$^{er}$ passe les Alpes, 1515, *Monsiau*.
91. François I$^{er}$ la veille de la bataille de Marignan, 1515, *Mulard*.
92. Bataille de Marignan, 1515, *Fragonard*.

93. François I<sup>er</sup> armé chevalier par Bayard, 1515, *par le même*.
94. Entrevue du camp du Drap-d'Or, 1520, *Debay fils*.
95. Entrevue de François I<sup>er</sup> et du pape Clément VII à Marseille, 1533, *Larivière*.
96. François I<sup>er</sup> visitant avec Charles-Quint les tombeaux de Saint-Denis, 1540, *Norblin*.
97. Bataille de Cérisoles, 1540, *Schnetz*.
98. Levée du siége de Metz, 1553, *E. Devéria*.
99. Naissance d'Henri IV, 1553, *Reveil*.
100. Combat de Renty, 1554, *Brenet*.
101. Prise de Calais par le duc de Guise, 1558, *Picot*.
102. Prise de Thionville, 1558, *Haudebourt-Lescot*.
103. Levée du siége de Malte, 1565.
104. Institution de l'ordre du Saint-Esprit, 1588, *Venloo*.
105. Etats-Généraux de Blois, 1588, *Alaux*.
106. Bataille d'Ivry, 1590, *Steuben*.
107. Henri IV devant Paris, 1590, *Rouget*.
108. Entrée d'Henri IV à Paris, 1594, *Gérard*.
109. Henri IV reçoit des chevaliers de l'ordre du Saint-Esprit, 1595, *Detroy*.
110. Combat de Fontaine-Française, 1595, *Bruyères*.
111. Assemblée des notables à Rouen, 1596, *Rouget*.
112. Paix de Vervins, 1598, *Saint-Evre*.
113. Prise de Montmélian, 1600, *Odier*.
114. Les plans du Louvre soumis à Henri IV par son architecte, 1608, *Garnier*.
115. Etats-Généraux de Paris, 1614, *Alaux*.
116. Mariage de Louis XIII, 1615, *par le même*.
117. Levée du siége de l'île de Ré, 1627.
118. Prise de La Rochelle, 1628.
119. Combat du Pas de Suze, 1629.
120. Combat du Pas de Suze, 1629, *H. Lecomte, d'après Claude Lorrain*.
121. Prise de Casal, 1629.
122. Siége de Privas, 1629.
123. Prise de Nîmes. 1629.
124. Prise de Montauban, 1629.
125-126. Prise de Pignerol, 1630. — *H. Lecomte*.
127. Combat de Veillane, 1630.
128. Traité de Ratisbonne, 1630, *Alaux*.
129. Levée du siége de Casal, 1630.

130. Réception des chevaliers du Saint-Esprit à Fontainebleau, 1634, *Alaux et Lafaye*.
131. Fondation de l'Académie-Française, 1634, *Alaux et H. Lecomte*.
132. Bataille d'Avein, 1635.
133. Prise de Saverne, 1636, *F. Devéria*.
134. Prise de Landrecies, 1737, *H. Lecomte*.
135. Prise de Catelet, 1638, *par le même*.
136. Siége d'Arras, 1640.
137. Combat naval de Saint-Vincent, 1640.
138. Le Poussin présenté à Louis XIII, *Lafaye*.
139. Siége d'Aire, 1641.
140. Prise de Collioure, 1642, *H. Lecomte*.
141. Siége de Perpignan, 1642.
142-143. Prise de Perpignan, 1642.— *Alaux et Lecomte*.
144. Prise de Lérida, 1642, *H. Lecomte*.
145. Le cardinal de Richelieu fait don du Palais-Royal à Louis XIII, 1642, *H. Lecomte*.
146 à 149. Bataille de Rocroy, 1643, *Gué. — Jouy. — Schnetz. — Heim*.
150. Prise de Binch, 1643.
151. Siége de Thionville, 1643.
152. Prise de Thionvil'e, 1643.
153. Combat naval de Carthagène, 1643.
154. Siége de Sierck, 1643.
155. Prise de Sierck, 1643.
156. Siége de Trin, 1643, *L. Dupré*.
157. Prise de Rotweil, 1643.
158. Bataille de Fribourg, 1654.
159. Prise de Dourlach, 1644, *Lafaye*.
160. Prise de Baden, 1644.
161. Prise de Lichtenau, 1644, *Lafaye*.
162. Reddition de Spire, 1644, *Gallait*.
163. Siége de Philipsbourg, 1644, *Lafaye*.
164. Prise de Worms, 1644, *par le même*.
165. Prise d'Oppenheim, 1644, *H. Lecomte*.
166. Reddition de Mayence, 1644, *par le même*.
167. Prise de Bingen, 1644, *par le même*.
168. Prise de Bacharach, 1644, *par le même*.
169. Prise de Creutznach, 1644, *par le même*.
170. Prise de Landau, 1644, *Jouy*.
171. Prise de Neustadt, 1644, *Gallait*.
172. Bataille de Lioray, 1645.

173. Siége et prise de Rottembourg, 1645, *Renoux*.
174 à 176. Bataille de Nordlingen, 1645. — *Renoux*. — *H. Lecomte*.
177. Reddition de Nordlingen, 1645, *Renoux*.
178. Reddition de Dinkelsbuhl, 1645, *par le même*.
179-180. Siége de Courtray, 1646, *Pingret*. — *Vandermeulen*.
181. Siége de Bergue, 1646, *Bruyères*.
182. Siége de Mardick, 1646.
183. Prise de Furnes, 1646, *Jouy*.
184. Siége de Dunkerque, 1646.
185. Reddition de Dunkerque, 1646, *Jouy*.
186. Prise d'Ager en Catalogne, 1647, *Pingret*.
187. Siége de Constantine levé par l'armée espag. 1647.
188-189. Bataille de Lens, 1648, *Franque*. — *Bruyères*.
190. Paix de Munster, 1648, *Jacquand, d'après Terburg*.
191. Bataille de Rethel, 1650, *Dupressoir*.
192. Sacre de Louis XIV à Reims, 1654, *Ph. de Champaigne*.
193. Louis XIV reçoit le duc d'Orléans, son frère, chevalier du Saint-Esprit, 1654, *Dupré*.
194. Siége de Stenay, 1654, *Dupressoir*.
195-196. Arras secouru, 1654, *par le même*. — *H. Lecomte*.
197. Prise du Quesnoy, 1655, *Dupressoir*.
198. Prise de Cadaquès, 1655, *par le même*.
199. Combat naval de Barcelone, 1755.
200. Siége et prise de Montmédy. 1657,
201-202. Bataille des Dunes, 1658. *Larivière*.
203. Le roi entre à Dunkerque, 1658.
204. Prise de Gravelines, 1658.
285. Arrivée d'Anne d'Autriche et de Philippe IV dans l'île des Faisans, 1660.
206. Entrevue de Louis XIV et de Philippe IV dans l'île des Faisans, 1660.
207. Mariage de Louis XIV et de Marie-Thérèse d'Autriche, 1660.
208. Mazarin présente Colbert à Louis XIV, 1661, *Lafaye, d'après Schnetz*.
209. Réparation faite à Louis XIV par l'embassadeur d'Espagne au nom de son maître, 1662, *d'après Lebrun*.

210. Les clefs de Marsal remises au roi, 1663, *d'après Lebrun.*

211. Le roi reçoit les embassadeurs des treize cantons suisses, 1663, *Vandermeulen.*

212. Renouvellement d'alliance entre la France et les cantons suisses, 1663, *d'après Lebrun.*

213. Réparation faite au roi au nom du pape Alexandre VII, 1664, *Ziégler.*

214 Combat naval de la Goulotte, 1665.

215. Fondation de l'Observatoire, 1669,

216 Prise de Charleroi, 1667, *Vandermeulen.*

217. Prise d'Ath, 1667, *par le même.*

218. L'armée du roi campée devant Tournay, 1667, *par le même.*

219-220. Siége de Tournay, *Lebrun* et *Vandermeulen— Bonnard.*

221-222. Siége de Douay, 1667, *Vandermeulen.— Lebrun* et *Vandermeulen.*

223. Prise de Courtray, 1667.

224. Siége d'Oudenarde, 1667, *Vandermeulen.*

225. Entrée de Louis XIV et de la reine Marie-Thérèse à Arras, 1667, *par le même.*

226-227. Entrée des mêmes à Douai, 1667, *par le même.*

228-229-230-231. Siége de Lille, 1667, *par le même.*

232-233-234. Combat près du canal de Bruges, 1667, esquisse.— Tableau, *Lebrun* et *Vandermeulen.*

235. Prise de Besançon, 1668, *Lafaye.*

236-237-238. Prise de Dôle. 1668. *Vandermeulen. — Testelin.*

239. Prise de Gray, 1668, *Lafaye.*

240. Prise du château Sainte-Anne, 1668, *Lafaye.*

241. Baptême du Dauphin, fils de Louis XIV, 1668.

242. Le roi aux Gobelins, *Ch. Lebrun.*

243. Prise d'Orsoy, 1672. *Martin.*

244. Prise de Burick, 1672.

245. Prise de Wesel, *Dupressoir.*

246. Prise de Rimberg, 1672, *Martin.*

247. Prise d'Emeric, 1672, *Dupressoir.*

248. Prise de Rées, 1672, *Martin.*

249. Prise de Santen, 1672, *Martin.*

250. Combat naval de Solsbaye, 1672.

251-252-253. Passage du Rhin, 1672, *P. Franque. — Testelin. — Vandermeulen.*

254. Prise de Schenck, 1672, *Dupressoir*.
255. Prise de Doesbourg, 1672, *Martin*.
256. Prise d'Utrecht, 1672, *Bonnard*.
257. Prise de Nimègue, 1672, *Pingret*.
258. Prise de Grave, 1672. *Bonnard*.
259. Prise de Naerden, 1672, *Martin*.
260-261. Siége de Maëstricht, 1673. — *Vandermeulen*.
262. Prise de Maëstricht, 1673, *Parrocel*.
263. Prise de Gray, 1674, *Vandermeulen*.
264. Prise de Besançon, 1674, *par le même*.
265. Prise de Dôle, 1674, *par le même*.
266. Combat de Sintzheim, 1674, *Pingret*.
267. Prise de Salins, 1674, *Vandermeulen*.
268. Prise du fort de Joux, 1674, *par le même*.
269-270. Bataille de Seneff, 1674, *par le même*. — *Du-*
  *pressoir*.
271. Levée du siége d'Oudenarde, 1674.
272. Bataille d'Einshem, 1674.
273. Etablissement des Invalides, 1674, *Ch. Lebrun* et
  *Dulin*.
274. Prise de Messine, 1675.
275. Entrée de Louis XIV à Dinan, 1675, *Vander-*
  *meulen*.
276. Prise de Huy, *Pingret*.
277. Siége et prise de Limbourg, *Vandermeulen*.
278. Mort de Turenne, 1675, *Chabord*.
279. Prise d'Augusta, 1675.
280. Combat naval d'Augusta, 1676, *Garneray*.
281. Prise de Condé, 1676, *Vandermeulen*.
282. Prise de Bouchain, 1676, *Pingret*.
283. Bataille de Palerme, 1676.
284. Siége de la ville d'Aire, 1676.
285. Prise d'Aire, 1676, *Martin*.
286. Prise de la ville et du château de l'Escalette, 1676,
  *Pingret*.
287. Prise de Cayenne, 1676.
288-289-290-291. Siége de Valenciennes, 1677, esquisse,
  *Vandermeulen*.
292. Valenciennes prise d'assaut par le roi, 1677, *Alaux*.
293. Prise de Cambrai, 1677, *Vandermeulen*.
294. Siége de Saint-Omer, 1677.
295-296-297-298. Bataille de Cassel, 1677. — *Vander-*
  *meulen*. — *H. Lecomte*. — *Gallart*.

299-300. Reddition de la citadelle de Cambrai, 1676, *Mauzaisse*. — *Lebrun* et *Vandermeulen*.

301-302. Prise de Saint-Omer, 1677, *Pingret*.

303-304. Siége de Fribourg, 1677, *Vandermeulen*.

305. Prise de Tabago, 1677.

306. Prise de Gand, 1678, *Renoux*.

307-308. Prise d'Ypres, 1678, *Vandermeulen*. — *Martin*.

309-310. Prise de Leewe, 1678, *Martin*. — *Vandermeulen*.

311. Le duc de Bourgogne présenté au roi, 1628, *Antoine Dieu*.

312. Bombardemement d'Alger par Duquesne, 1683, *Biard*.

313. Bombardement de Gênes, 1684.

314-315. Prise de Luxembourg, 1784, *Vandermeulen*.

316. Réparation faite au roi par le doge de Gênes, 1685, *Claude-Guy Hallé*.

317. Prise de Philipsbourg, 1688, *Renoux*.

318. Prise de Manheim, 1688, *Pingret*.

319. Bataille de Fleurus, 1690, *attribué à Martin*.

320. Siége de Mons, 1691.

321-322. Prise de Mons, 1691.

323-324. Combat de Leuze, 1694, *Parrocel*. — *Fredou*.

325. Siége de Namur, 1692.

326-327. Siége de la ville et des châteaux de Namur, 1692, *Vandermeulen*. — *att. à Vandermeulen*.

328. Institution de l'ordre militaire de Saint-Louis, 1693. *Ch. Lebrun*.

329. Prises de Roses, 1693, *Renoux*.

330. Bataille de Nerwinden, 1693, *att. à Martin*.

331. Bataille de Marsaille, 1793, *E. Deveria*.

332. Prise de Charleroi, 1693, *Vandermeulen*.

333. Prise de Palamos, 1694, *Renoux*.

334. Combat naval du Texel, 1694, *E. Isabey*.

335 Louis XIV reçoit le serment de Dangeau, grand maître de l'Ordre de Notre-Dame de Mont-Carmel et de Saint-Lazare, 1695, *Antoine Pezey*.

336. Bombardement de Carthagène, 1697.

337. Prise d'Ath, 1697.

338. Mariage du duc de Bourgogne, 1697, *Ant. Dieu*.

339. Philippe de France, duc d'Anjou, déclaré roi d'Espagne, 1700, *Gérard*.

340  Prise de Brissac, 1703, *Franquelin.*
341. Bataille navale de Malaga, 1705.
342. Bataille de Cassano, 1705.
343. Siége de Lérida , 1707.
344. Prise de Lérida , 1707, *Couder.*
345. Bataille de Villaviciosa , 1710, *Alaux.*
346. Prise de Rio-Janeiro, 1711.
347. Bataille de Denain , 1712 , *Monvoisin.*
348. Congrès de Rastadt , 1714, *Rudolphe Huber.*
349. Lit de justice de Louis XV , 1715 , *Duménil.*
350. Départ du roi après le lit de justice , 1715. *Martin.*
351. Louis XV visite Pierre-le-Grand à l'hôtel de Lesdi-
     guières , 1717.
352. Pierre-le-Grand et le régent à la revue de la Maison
     Militaire du roi , 1717, *Lestang.*
353. Prise de Fontarabie , 1719.
344. Camp de l'armée française près de Fontarabie ,
     1719, *Martin.*
355-356. L'ambassadeur turc arrive aux Tuileries, 1721.
     *Parrocel.*
357-358. Sacre de Louis XV à Reims , 1722 , *Martin. —
     Signol.*
359. Sacre de Louis XV à Reims.
360. Mariage de Louis XV et de Marie Leczinska, 1725,
     — Louis , duc d'Orléans , fils du régent , épouse à
     Strasbourg , au nom du roi , Marie-Charlotte-Fé-
     licité Leczinska , princesse de Pologne.
361. Siége de Philipsbourg , 1734.
362. Prise de Philipsbourg , 1734.
363. Bataille de Parme , 1734.
364. Prise de Prague , 1741.
265-366. Prise de Menin, 1744, *Lenfant. —* g. *Van Bla-
     remberg.*
367-368. Prise d'Ypres, 1744, *Van Ysendick. — Van
     Blaremberg.*
369. Prises de Furnes , 1744 , *Raverat.*
370. Bataille de Coni , 1744, *Serrur.*
371. Entrée du roi à Strasbourg , 1744, par le même.
372-373. Siége de Fribourg, 1744, *Lenfant. — Le Paon.*
374. Prise de la ville et des châteaux de Fribourg , 1744.
     *Van Blaremberg.*
375 à 377. Siége de Tournay, *Parrocel fils. — Lenfant.*
378 à 383. Bataille de Fontenoy, 1745, *H. Vernet.*

384-385. Siége de Tournay, 1745, g. *Van Blaremberg*.

386-387. Combat de Melle, 1745, *Parrocel fils.* — g. *Van Blaremberg*.

388. La ville de Gand surprise, 1745, g. *par le même*.

389. Prise de Gand, 1745, *Gigoux*.

390. Siége d'Oudenarde, 1745, g. *Parrocel fils*.

391. Prise d'Oudenarde, 1745, g. *Van Blaremberg*.

392-393. Siége d'Ostende, 1745, *Rioult.* — g. *Van Blaremberg*.

394. Siége d'Ath, 1745, g. *par le même*.

395. Siége de Bruxelles, 1746, *Rubio*.

396. Siége de Bruxelles, 1746, g. *Van Blaremberg*.

397. Siége d'Anvers, 1746, g. *par le même*.

398. Entrée de Louis XV à Anvers, 1746, *H. Lecomte*.

399-400. Siége de Mons, 1746, *Lenfant.* — g. *Van Blaremberg*.

401. Siége de Saint-Guillain, 1746, *Parrocel*.

402. Siége de Charleroi, 1746, *Parrocel fils*.

403-404. Prise de Namur, 1746, *par le même.* — *Van Blaremberg*.

405. Prise du château de Namur, 1746, g. *par le même*.

406-407. Bataille de Rocoux, 1746, *Roqueplan.* — g. *Van Blaremberg*.

408. Entrée de Louis XV à Mons, 1746, g. *par le même*.

409 à 412. Bataille de Lawfeld, 1747, *Couder.* — *Lenfant.* — *Parrocel.* — g. *Van Blaremberg*.

413-414. Siége de Berg-op-Zoom, 1747, g. *Van Blaremberg*.

415. Prise de Berg-op-Zoom, 1747, g. *par le même*.

416. Combat du vaisseau français *l'Intrépide* contre plusieurs vaisseaux anglais, 1747, *Gilbert*.

417. Siége de Maëstricht, 1748, g. *Van Blaremberg*.

418. Prise de Port-Mahon, 1756.

419. Prise du Fort Saint-Philippe (Port-Mahon), 1756, *Wachsmut*.

420. Bataille d'Hastembeck, 1757, *Rioult*.

421. Bataille de Lutzelberg, 1758, *Demakis*.

422. Bataille de Berghen, 1759.

423. Bataille de Johannesberg, 1762, *Faure*.

424. Lit de justice de Louis XVI, rétablissement du parlement, 1774, *Alaux*.

425 Combat de la frégate française le *Belle-Poule* contre la frégate anglaise *l'Aréthus*, 1778, *Jugelet*.

426. Combat naval d'Ouessant, 1798, *Gudin*.

427. Combat de la frégate française *la Concorde* contre la frégate anglaise *la Minerve*, 1778, *Th. Dubois*.

428. Combat de la frégate française *la Junon* contre la frégate anglaise *le Fox*, 1778, *Gilbert*.

429. Combat du vaisseau français *le Breton* contre le vaisseau anglais *le Jupiter* et la frégate anglaise *la Medée*, 1778, *Gilbert*.

430. Combat de la frégate française *la Minerve* contre deux vaisseaux anglais et deux frégates anglaises 1779, *par le même*.

431. Prise de l'île de la Grenade, 1779, *Huc*.

432. Combat naval de l'île de la Grenade, 1779, *par le même*.

433. Combat des frégates françaises *la Junon* et *la Gentille* contre le vaisseau anglais *l'Ardent*, 1779, *Gilbert*.

434. Combat de la frégate française *la Surveillante* contre la frégate anglaise *le Québec*, 1779, *par le même*.

435. Combat naval d'une division française contre une escadre anglaise, 1779.

436. Combat naval en vue de la Dominique, 1780, *Gilbert*.

437. Combat naval de la Praya, 1781, *par le même*.

438. Combat naval en vue de Louisbourg, 1781.

439. Siége d'York-Town; combat naval en vue de la Chesapeack, 1781.

440-441. Siége d'York-Town, 1781, g. *Van Blaremberg*.

442. Même sujet, 1781. — Le général Rochambeau et Washington donnent les derniers ordres pour l'attaque, 1781, *Couder*.

443. Même sujet. Sortie de la garnison anglaise.

444. Prise des îles Saint-Christophe et Hevis, 1782.

445. Combat naval en vue de Negapatnam, 1782, *Th. Dubois*.

446. Combat du vaisseau français *le Scipion* contre les vaisseaux anglais *le London* et *le Torbay*, 1782.

447. Combat entre les vaisseau français *la Nymphe* et *l'Amphitrite* et le vaisseau anglais *l'Argo*, 1783, *Gilbert*.

448. Combat naval en vue de Gondelour, 1783.

449. Publication du traité de paix de Versailles entre la France et l'Angleterre, 1783, *Van Ysendick*.
450. Louis XVI donne des instructions à Lapérouse pour son voyage autour du monde, 1785, *Monsiau*.
451. Voyage de Louis XVI à Cherbourg, 1786, *Grépin*.
452. Louis XVI abandonne les droits du domaine sur les laisses de mer aux riverains de la Guienne, 1786, *Berthon*.
453r Louis XVI distribue des secours aux pauvres, 1788, *Hersent*.
454. Procession des Etats-Généraux, 1789, *Boulanger*.
455. Ouverture des Etats-Généraux à Versailles, 1789, *Couder*.
456. Fédération des gardes nationales et de l'armée au Champ-de-Mars, 1790.
457. La garde nationale de Paris part pour l'armée 1792, *L. Cogniet*.
458. Bataille de Valmy, 1782, *Mauzaisse, d'après Horace Vernét*.
459. Combat dans les défilés de l'Argonne, 1792, *E. Lamy*.
460. Prise de Chambéry, 1792, *A. Roëhn*.
461. Levée du Siége de Lille, 1792.
461. Levée du siége de Thionville, 1792.
463. Prise de Villefranche et invasion du comté de Nice, 1792.
464. Prise de Spire, 1792.
465. Reprise de Verdun.
466. Entrée des Français à Mayence, 1792, *V. Adam*.
467. Reprise de Longwy, 1792.
468. Prise de Francfort sur-le-Mein, 1792.
469. Prise de Kœnigstein, 1792.
470. Combat de Boussu, 1792.
471. Bataille de Jemmappes, 1792, *H. Scheffer, d'après H. Vernet*.
472. Entrée des Français à Mons, 1792, *Bellangé*.
473. Combat d'Anderlecht, 1792, *par le même*.
474. Siége et prise d'Anvers, 1792, *Philippoteaux*.
475. Combat de Varoux, 1792, *V. Adam*.
476. Entrée des Français à Liége, 1792.
477. Siége de Namur, 1792.
478. Siége et prise des châteaux de Namur, 1792, *C. Boulanger*.

479. Prise de Breda, 1793, *H. Lecomte.*
480. Prise de Gertruydenberg, 1793, *par le même.*
481. Combat de Tirlemont et de Goizenhoven, 1793, *Jouy.*
482. Prise du camp de Sérale, 1793, *A. Roëhn.*
483. Combat du Pas-de-Rez, 1793, *Renoux.*
484. Bataille de Hondschoote, 1793, *E. Lamy.*
485. Bataille de Peyrestortes, 1793, *Renoux.*
486. Entrée des Français à Moutiers, 1793, *C. Boulanger.*
487. Bataille de Watignies, 1793, *E. Lamy.*
488. Combat de Gillette, 1793, *A. Roëhn.*
489. Siége de Toulon, 1793.
490. Reprise de la ville et du port de Toulon, 1793, *Péron.*
491. Prise de Menin, 1793, *V. Adam.*
492. Combat de Werdt, 1793, *E. Lamy.*
493. Combat de Geisberg, 1793.
494. Combat de Monteila, 1793, *Renoux.*
495. Combat d'Arlon, 1794, *Despinassy.*
496. Prise du petit Saint-Bernard, 1794, *Pingret.*
497. Combat de Moacron, 1793, *Mozin.*
498. Prise du camp du Boulou, 1794, *Renoux.*
499. Combat de Courtray, 1794.
500. Combat de Turcoing, 1794, *Jollivet.*
501. Combat de Marchiennes, 1794.
502. Combat de Hooglède, 1794, *Jollivet.*
503. Prise d'Ypres, 1794, *Philippoteaux.*
504. Combat de la Croix-des-Bouquets, 1794, *Renoux.*
505. Prise de Charleroi, 1794.
506-507. Bataille de Fleurus, 1794, *Mauzaisse.-Bellangé.*
508. Prise d'Anvers, 1794, *Caminade.*
509. Reprise de Bellegarde, 1794, *Renoux.*
510. Combat d'Aldenhoven, 1794, *Mozin.*
511. Combat et prise de Coblentz, 1794, *Raffet.*
512. Prise de Maëstricht, 1794, *E. Lamy.*
513-514. Attaque des lignes de l'armée espagnole, 1794, *Grenier. — Renoux.*
515. Prise de l'île de Bommel, 1794, *Mozin.*
516. La cavalerie française prend la flotte hollandaise arrêtée dans les glaces du Texel, 1795, *Mozin.*
517. Prise de Roses, 1795.
518. Prise de Luxembourg, 1795, *Renoux.*
519. Entrée des Français à Bilbao, 1795.
520. Passage du Rhin à Dusserldorf, 1795, *Baume.*

521. Combat du Sucarello, 1795, *C. Boulanger.*
522. Bataille de Loano, 1795.
523-524. Ville et château de Nice, 1796, *Alma et Guyot.*
    — Le général Bonaparte prend le commandement
    de l'armée d'Italie, aq. *Bagetti.*
525. Arrivée de l'armée française à Albenga, 1796.
526-527. Entrée de l'armée française à Savone, 1796,
    *Alaux et Guiaud.* — aq. *Bagetti.*
528. Combat de Voltri, 1796, aq. *par le même.*
529-530. Le colonel Rampon, à la tête de la 32ᵉ demi-
    brigade, défend la redoute de Montelegino, 1796,
    *Berthon.* — aq. *Bagetti.*
531-532. Bataille de Montenotte, 1796, *Alaux et Guiaud.*
    aq. *Bagetti.*
533. Entrée de l'armée française à Carcaro, 1796, *par*
    *le même.*
534-535. Blocus du château de Cossario, 1796, *Alaux*
    *et Parmentier.* — aq *Bagetti.*
536-537. Attaque du château de Cossaria, 1796, *Tau-*
    *nay.* — aq., *Bagetti.*
538. Reddition du château de Cossaria, 1796, aq., *par*
    *le même.*
539. Le général Bonaparte reçoit, à Millesimo, les dra-
    peaux enlevés à l'ennemi, 1796, *Roënh.*
540. Attaque de Dego, 1796, aq., *Bagetti.*
541 à 543. Combat de Dego, 1796, aq., *par le même.*
    — *Mulard.*
544. Prise de Dego, 1796, aq., *Bagetti.*
545. Prise des hauteurs de Montezemolo, 1796, *Bagetti.*
546-547. Prise de Ceva, 1796, aq., *Bagetti.*
548-549. Attaque de Saint-Michel, 1796, *par le même.*
    — *Alaux et Guiaud.*
550-551. Prise des hauteurs de Saint-Michel, 1796, *par*
    *les mêmes.* — aq., *Bagetti.*
552 à 554. Bataille de Mondovi, 1795, *Alaux et Guiaud.*
    aq., *Bagetti.*
555. Entrée des Français à Bène, 1796, aq., *Bagetti.*
556. Entrée des Français à Cherasco, 1796, *par le même.*
557. Bombardement et prise de Fossano, 1796, *par le*
    *même.*
558. Entrée des Français à Alba-Pompeia, 1796, *par le*
    *même.*

559 560. Prise de Coni, 1796, *Alaux et Lafaye.* — aq., *Bagetti.*

561. Prise de la citadelle de Tortone, 1796, *par le même.*

562. Entrée des Français à Alexandrie (Piémont), 1796, *par le même.*

563. Entrée des Français à Plaisance, 1796, *par le même.*

564-565. Passage du Pô sous Plaisance, 1796, *Boguet.* aq. *Bagetti.*

566. Combat de Fiombo, 1796, *par le même.*

567. Surprise du bourg de Codogno, 1796, *par le même.*

568. Prise de Cassal, 1796, *par le même.*

569. Combat en avant de Lodi, 1796, *par le même.*

570-571. Bataille de Lodi, 1796, *Alaux et Lafaye.* — aq., *Bagetti.*

572. Prise de Crema, 1796, *par le même.*

573. Prise de Pizzighetone, 1796, *par le même.*

574-575. Prise de Crémone, 1796, *Alaux et Oscar Gué.* — aq., *Bagetti.*

576. Entrée des Français à Pavie par la porte de Lodi, 1796, aq., *Bagetti.*

577-578. Entrée de l'armée française à Milan, 1796, *Alaux et Lafaye* — aq., *Bagetti.*

579. Prise de Soncino, 1796, *par le même.*

580. Prise de Bignasco, 1796, *par le même.*

581. Pavie enlevée d'assaut, 1796, *par le même.*

582. Bataille d'Altenkirchen, 1796.

583. Passage du Rhin à Kiel, 1696, *T. Charlet.*

584. Combat de Limbourg, 1796, *L. Cogniet.*

585-386. Combat de Salo, 1796, *H. Lecomte.* — aq., *Bagetti.*

587. Vue du lac de Garda, 1796. — Les chaloupes ennemies font feu sur les voitures de madame Bonaparte. — *H. Lecomte.*

588-589. Bataille de Lonato, 1796, *Alaux et H. Lecomte.* — aq., *Bagetti.*

590-591. Combat de Castiglione, 1796, *par le même.*

592. Prise de Savardo, 1796, *par le même.*

593 à 595. Bataille de Castiglione, 1796. — 1792, *V. Adam.* — aq., *Bagetti.*

596. Prise de Castiglione sur l'Adige, 1796, aq.

597-598. Prise du château de la Pietra, 1796, *Mauzaisse.* — aq., *Bagetti.*

599. Combat du pont de Lavis, 1796, *par le même.*
600. Prise du village de Primolano, 1796, *par le même.*
601. Passage de la Brenta et prise du fort Convelo, 1796,
    *par le même.*
602-603. Siége de Mantoue, 1796, — aq. *Bagetti.*
604. Combat d'Altenkirchen, 1796. — Mort du général
    Marceau, *Couder.*
605. Le général Augereau au pont d'Arcole, 1796, *Thé-
    venin.*
606. Le général Bonaparte au pont d'Arcole, 1796, aq.
    *Bagetti*
607. Bataille d'Arcole, 1796. *Bacler d'Albe.*
608 à 615. Bataille de Rivoli, 1797, aq. *Bagetti.* — *A.
    Debay.* — *Cogniet.* — *Bacler d'Albe.* —
    *Lépaulle.* — aq. *Bagetti.*
616. Champ de bataille près du Mont Moscato, 1797,
    *par le même.*
617. Combat dans le défilé de la Madona della Corona,
    1797, *par le même.*
618-619. Combat d'Anghiari, 1797, *Alaux* et *Oscar
    Gué.* — aq. *Bagetti.*
620. Le général Bonaparte visite le champ de bataille de
    Rivoli, 1797. *Taunay.*
621. Bataille de la Favorite, 1797, aq. *Bagetti.*
622. Combat de Lavis, 1797, *par le même.*
623. Reddition de Mantoue, 1797, *H. Lecomte.*
624. Prise d'Ancône, 1797, *Boguet.*
625-626. Passage du Tagliamento, 1797, *H. Lecomte.*
    — aq. *Bagetti.*
627. Prise de Gradisca sur l'Isonzo, 1797, *par le même.*
628. Passage de l'Isonzo, 1796, *Cogniet* et *Guyon*
629. Prise de Laybach, 1797, *Cogniet.*
630. Préliminaires de la paix de Léobon, 1797, *Lethière.*
631. Bataille de Neuwied, 1797, *V. Adam.*
632. Combat de Dierdorff, 1797, *Cogniet* et *Girardet.*
633. Entrée des Français à Rome, 1797, *Alaux* et *H.
    Lecomte.*
634. Prise de l'île de Malte, 1798, *Alaux* et *Guiaud.*
635. Débarquement de l'armée française en Egypte,
    1798, *Pingret.*
636. Prise d'Alexandrie, 1798, *par le même.*
637. Bonaparte donne un sabre au chef militaire d'A-
    lexandrie, 1798, *Mulard.*

638. Bataille de Chebreisse, 1798, *Cogniet*.
639 à 641. Bataille des Pyramides, 1798, *Gros. — Vincent. — Hennequin*.
642. Bataille de Sédinam, 1798, *Cogniet* et *Vignon*.
643. Révolte du Caire, 1798, *Girodet*.
644. Le général Bonaparte fait grace aux révoltés du Caire, 1798, *Guerin*.
645. Combat de Monterosi, 1798, *Cogniet*.
646-647. Combat de la frégate française *la Bayonnaise* contre la frégate anglaise *l'Embuscade*, 1798, *Hue. — Crépin*.
648. Le général Bonaparte visite les fontaines de Moïse près le mont Sinaï, 1798, *Berthelemy*.
649. Prise de Naples par l'armée française, 1799, *Tamel*.
650. L'armée française traverse les ruines de Thèbes, *Pingret*.
651 Halte de l'armée française à Sienne (Haute-Egypte), 1799, *Tardieu*.
652. Combat en avant d'Hesney, 1799, *Cogniet*.
653. Combat d'Aboumanah, 1799, *Pingret*.
654. Combat de Benouth, 1789, *Langlois*.
655. Le général Bonaparte visite les pestiférés de Jaffa, 1799, *Gros*.
656. Combat de Nazareth, 1799, *Taunay*.
657. Bataille du Monthabor, 1799, *Cogniet* et *Philip-poteaux*.
658 à 660. Bataille d'Aboukir, 1799. — *Hennequin.* — *Gros.*
661. Bataille de Zurich, 1799, *Bouchot*.
662. La journée du 18 brumaire, 1799, *Alaux et Lestang*.
663. Prise de vive force des hauteurs à l'est de Gênes, 1800, aq. *Bagetti*.
664. Défense du fort de l'Eperon et des hauteurs au nord de Gênes, 1800, *par le même*.
665. Revue du premier consul Bonaparte dans la cour des Tuileries, 1800, *Alaux* et *Lestang*.
666. Combat de Stockach, 1800.
067. L'armée française traverse le Grand-Saint-Bernard, 1800, *Thévenin*.
668-669. Passage du Grand-Saint-Bernard, 1806, *par le même. — Alaux* et *H. Lecomte*.
670. Passage du Grand-Saint-Bernard, aq. *Bagetti*.
671. Le premier consul passe les Alpes, 1800, *David*.

672. Le premier consul visite l'hospice du St.-Bernard,
    1800, *Lebel.*
673. L'armée française descend le mont Saint-Bernard,
    1800, *Taunay.*
674-675. L'armée française s'empare du défilé fortifié
    de la Cluse, 1800, *Alaux* et *V. Adam.* —
    aq. *Bagetti.*
676. Marche de l'armée française vers la vallée d'Aoste,
    1800, *par le même.*
677. Bataille d'Héliopolis, 1800, *Cogniet* et *Girardet.*
678. L'armée française traverse le défilé d'Albarède près
    du fort de Bard, 1800, *Monguin.*
679 à 681. Passage de l'artillerie française sous le fort de
    Bard, 1800, *Gautier.* — *Alaux* et *V. Adam.*
    — aq. *Bagetti.*
682. Prise de la ville et de la citadelle d'Yvrée, 1800,
    *par le même.*
683. Entrée de l'armée française dans Yvrée, 1800,
    *Alaux* et *Adam.*
684. Défense de Gênes, 1800, aq. *Bagetti.*
685. Combat du pont de la Chiasella entre Yvrée et Turin,
    1800, Gautier.
686-687. Passage de la Chiasella, 1800, *Alaux* et *H.
    Lecomte.* — aq. *Bagetti.*
688-689. Passage de la Sesia et prise de Verceil, *Alaux*
    et *H. Lecomte.* — aq. *Bagetti.*
690. Prise des hauteurs de Varallo, 1800, *par le même.*
691. Passage du Tésin à Turbigo, *par le même.*
692-673. Attaque du fort d'Arona, 1800, *Alaux* et *H.
    Lecomte.* — aq. *Bagetti.*
694. Prise de Castelleto, 1800, *par le même.*
695. Entrée des Français à Milan, 1800, *par le même.*
696 697. Attaque et prise du pont de Plaisance, 1800,
    *Alaux* et *V. Adam.* — aq. *Bagetti.*
698. Passage du Pô à Noceto, 1800, *par le même.*
699. Passage du Pô en face de Belgiojoso, 1800, *par le
    même.*
700. Entrée des Français à Plaisance, 1800, *par le
    même.*
701. Investissement de la citadelle de Plaisance, 1800,
    *par le même.*
702. Prise du pont de Lecco, 1800, *par le même.*

703-704. Bataille de Montebello, 1800, *Alaux* et *V.
    Adam.* — aq. *Bagetti.*
705-706. Même sujet, deuxième attaque, *Alaux* et *V.
    Adam.* — aq. *Bagetti.*
707-708. Bataille de Marengo, 1800, *par le même.* —
    *Carle Vernet.*
709 à 711. Même sujet, le général Desaix est blessé
    mortellement, 1800, *Regnault.* — aq. *Bagetti.*
    — *par le même.*
712. Bataille de Marengo, allégorie, *Callet.*
713. Convention après la bataille de Marengo, 1800,
    *Droling.*
714. Reprise de Gênes, 1800, *Hue.*
715. Bataille de Hochstett, 1800.
716-717. Marche de l'armée française en Italie pendant
    la campagne de Marengo, 1800, aq. *Bagetti.* —
    *J. Ouvrié.*
718. Bataille de Hohenlinden, 1800, Schoppin.
719. Passage du Mincio et bataille de Pozzolo, 1800,
    *Jouy, d'après Bellanger.*
720. Attaque de Vérone, 1800, aq. *Bagetti.*
721-722. Combat naval d'Algésiras, 1801, aq.
723. Combat naval dans la baie d'Algésiras, 1801, *Morel-
    Fatio.*
724. Combat naval devant Cadix, 1801.
725. Signature du concordat entre la France et le Saint-
    Siége, 1801.
726. Même sujet, dessin à la Sépia, *Gérard.*
727. Combat naval devant Boulogne d'une partie de la
    flottille française contre la flotte anglaise, 1801,
    *Crépin.*
728. La consulta de la république cisalpine, réunie en
    comices à Lyon, décerne la présidence au gé-
    néral Bonaparte, 1802, *Monsiau.*
729. Entrée du premier consul Bonaparte à Anvers,
    1803, *Van Brée.*
730. Napoléon reçoit à St-Cloud le sénatus-consulte qui
    le proclame empereur des Français, 1804, *Rouget.*
731. Napoléon aux Invalides, distribue des croix de la
    Légion-d'Honneur, 1804, *Debret.*
732. Napoléon visite le camp de Boulogne, 1804.
733. Camp de Boulogne. Napoléon observe les mouve-
    mens de la flottille anglaise, 1804, aq. *Gautier.*

734. Intérieur du camp, *par le même.*
735. Vue du port, *par le même.*
736. Travaux du fort, *par le même.*
737. Vue du fort, *par le même.*
738. Napoléon visite les environs du château de Brienne, 1804, *Leroy de Liancourt.*
739-740. Napoléon au camp de Boulogne, distribue des croix de la Légion-d'Honneur, 1804, *Hennequin.* — *Parent.*
741-742. Entrevue de Napoléon et du pape Pie VII dans la forêt de Fontainebleau, 1804, *de Marne et Dunoui.* — *Alaux* et *Gilbert.*
743-744. Sacre de l'empereur Napoléon et couronnement de l'impératrice Joséphine dans l'église de Notre-Dame de Paris, 1804, *David.* — *Alaux* et *Gilbert.*
745-746. Napoléon distribue les aigles à l'armée, 1804, *David.* — *par le même.*
747. Napoléon reçoit au Louvre, des députations de l'armée après son couronnement, 1804, *Serangeli.*
748. Napoléon reçoit, aux Tuileries, la consulta de la république italienne qui le proclame roi d'Italie, 1805, *Goubaud.*
749. Prise du rocher *le Diamant*, 1805, *Mayer.*
750-751. L'armée française passe le Rhin à Strasbourg, 1805, *Alaux* et *May.* — aq. *Bagetti.*
752. Napoléon reçu à Ettlingen par le prince-électeur de Bade, 1805, *J.-V. Bertin.*
753. Napoléou reçu au château de Louisbourg par le duc de Wurtemberg, 1805, *Watelet.*
754-755. Combat de Wertingen, 1805, *Lepoitevin.* — aq. *S. Fort.*
756. Entrée des Français à Munich, 1805, *par le même.*
757. Combat d'Aicha, près d'Augsbourg, 1805, *Jollivet.*
758-759. Attaque du pont de Gunzbourg, 1805, *Alaux* et *Lestang.* — aq. *Bagetti.*
760. Prise de Gunsbourg, 1805, *Alaux* et *Lestang.*
761. Combat de Lendzberg, 1805, *Bellangé.*
762. Combat d'Albeck, 1805, *Alaux* et *V. Adam.*
763. Entrée de l'armée française à Augsbourg, 1805, aq. *Bagetti.*
764. Napoléon harangue le deuxième corps de la grande

armée sur le pont de Lœk à Augsbourg , 1805,.
  *Gautherot.*
765-766. Capitulation de Memmingen , 1805 , *Alaux et
  V. Adam.* — aq. *S. Fort.*
767. Entrée de l'armée française à Memmingen , 1805,
  *Alaux et Gué.*
768-799. Combat d'Elchingen , 1805 , *Roqueplan.* —
  aq. *Bagetti.*
770. Capitulation de Nordlingen , 1805 , *V. Adam.*
771. Attaque et prise du pont du vieux château de Vérone, 1805, *Alaux et Lafaye.*
772 à 774. Reddition d'Ulm , *Thevenin.* — *Berthon.* —
  *Callet.*
775. Entrée des Français à Munich , *Taunay.*
776 à 778. Prise de Lintz , *Alaux et Guiaud.* — *Alaux
  et Guyon.* — aq. *Bagetti.*
779. Combat de Steyer , 1805, aq. *S. Fort.*
780-781. Combat d'Amstelten , 1805 , *Alaux et Lafaye.*
  — aq. *S. Fort.*
782. Napoléon rend honneur au courage malheureux,
  1805 , *Debret.*
783. Le marécheal Ney remet au 76ᵉ régiment de ligne
  ses drapeaux retrouvés dans l'arsenal d'Inspruck,
  1805, *Meynier.*
784. L'armée fr. marche sur Vienne, 1805, aq. *S. Fort.*
785. Occupation de l'abbaye de Molk par les Français ,
  1805 , *Roëhn.*
786-787. Combat de Diernstein , 1805 , *Beaune.* — aq.
  *S. Fort.*
788. Passage du Tagliamento , 1805 , *Alaux et Philippoteaux.*
789. Napoléon reçoit les clés de Vienne , 1805 , *Girodet.*
790. Combat de Gellersdorff et de Hollabrunn , 1805,
  *Feron.*
791. Entrée de l'armée française à Vienne, 1805, *Alaux
  et Guiaud.*
792-793. Bivouac de l'armée française , la veille au soir
  de la bataille d'Austerlitz, 1805, *Bacler d'Albe.*
  — *Alaux et Brocas.*
794. Napoléon donnant l'ordre avant la bataille d'Austerlitz, 1805, *Carle Vernet.*
795 à 797. Bataille d'Austerlitz , aq. *S. Fort.* — *par le
  même.* — *Gerard.*

798-799. Mort du général Walhubert, 1805, *R. Pezron.*
    — *Alaux et Brisset.*

800. Bataille d'Austerlitz, allégorie, *Callet.*

801. Entrevue de Napoléon et de François II, après la
    bataille d'Austerlitz, 1805, *Gros.*

802. Entrevue de Napoléon et de l'archiduc Charles à
    Slamersdorff, 1805, *Ponce-Camus.*

803. Le premier bataillon du 4e de ligne remet à l'em-
    pereur deux étendards pris sur l'ennemi à la ba-
    taille d'Austerlitz, 1805.

804. Le sénat reçoit les drapeaux conquis dans la cam-
    pagne d'Autriche, 1806.

805 Mariage du prince Eugène Beauharnais avec la prin-
    cesse Amélie de Bavière, à Munich, 1806. *Menageot.*

806. Combat naval de la frégate française *la Canonnière*
    contre le vaisseau anglais *le Trémendus*, 1806,
    *Gilbert.*

807. Entrevue de Napoléon et du prince primat, 1806,
    *C. Bourgeois.*

808. Entrevue de Napoléon et du grand duc de Wurtz-
    bourg, 1806, *H. Lecomte.*

809-810. Combat de Saafeld, 1806, *Desmoulins.*—aq.,
    *S. Fort.*

811-812. Bataille d'Iéna, 1806, aq., *S. Fort.* — *Horace
    Vernet.*

813. Reddition d'Erfurth, 1806, aq., *S. Fort.*

814-815. La colonne de Rosbach renversée par l'armée
    française, 1806, *Wafflard.* — *Alaux et Baillif.*

816. Entrée des Français à Leipsick, 1806, aq, *S. Fort.*

817-818. Napoléon au tombeau du grand Frédéric, 1806,
    *Ponce-Camus.* — *Alaux et Baillif.*

819. Entrée de l'armée française à Berlin, 1806, *Meynier.*

820. Napoléon accorde à la princesse de Halzfeld la grace
    de son mari, 1806, *de Boisfrémont.*

821. Capitulation de Prentzlow, 1806, aq. *S. Fort.*

822. Reddition de Stettin, 1806, aq., *S. Fort.*

823. Entrée de l'armée française à Posen, 1806, *par le
    même.*

824-825. Capitulation de Magdebourg, *Vauchelet.* —
    aq., *S. Fort.*

826. Napoléon reçoit au palais royal de Berlin les députés
    du sénat, 1806, *Berthon.*

827. Reddition de Glogau, 1806, aq. *S. Fort.*

828. Passage de la Vistule à Thorn , 1806, *par le même.*

829. Combat d'Eylau , 1807, *par le même.*

830. Bataille d'Eylau , 1807, *par le même.*

831. Napoléon sur le champ de bataille d'Eylau , 1807, *Mauzaisse.*

832. Bivouac d'Osterode , 1807, *H. Lecomte.*

833. Napoléon accorde des grâces aux habitans d'Osterode , 1807, *Ponce-Camus.*

834. Siége de Dantzick, 1807.

835-836. Napoléon reçoit à Finkenstein l'ambassadeur de Perse, 1807, *Mulard. — Alaux et Rubio.*

837-838. Entrée des Français à Dantzick, 1807, *A. Roëhn. — Alaux et Guiaud.*

839-840. Combat de Heilsberg , 1807. — aq. *S. Fort.*

841-842. Bataille de Friedland , 1807, *par le même. — Horace Vernet.*

843. Prise de Kœnisberg, 1807, aq. *S. Fort.*

844. Hôpital militaire des Français et des Russes à Marienbourg , 1807, *A Roëhn.*

845. Entrevue de Napoléon et d'Alexandre sur le Niémen, 1807, *A. Roëhn.*

846. Siége de Graudentz, 1807, aq., *S. Fort.*

847-848. Napoléon reçoit la reine de Prusse à Tilsitt, 1807, *Gosse. — Tardieu.*

849. Alexandre présente à Napoléon les Cosaques, les Baskirs et les Kalmoucks de son armée, 1807, *Bergeret.*

850. Napoléon, à Tilsitt, donne la croix de la légion d'honneur à un soldat russe qui lui est désigné comme le plus brave, 1807, *Debret.*

851. Adieux de Napoléon et d'Alexandre après la paix de Tilsitt, 1807, *Serangeli.*

852. Prise de Stralsud , 1807, *Alaux* et *H. Lecomte*

853. Mariage du prince Jérôme Bonaparte avec la princesse de Wurtemberg, 1807, *Regnault.*

854. Entrée de la garde impériale à Paris après la campagne de Prusse , 1807, *Taunay.*

855. Napoléon visite l'infirmerie des Invalides , 1808. *Véron-Bellecourt.*

856. Combat naval livré sous la côte de l'île de Groix, 1808.

857. Entrée de Ferdinand VII en France, 1808, *Alaux et Leslang*

858. Entrevue de Napoléon et d'Alexandre à Erfurth, 1808, *Gosse.*

859. Combat de Somo-Sierra, 1808, *Alaux et H. Lecomte.*

860. Napoléon accorde une heure à la ville de Madrid pour capituler, 1808, *Carle Vernet.*

861. Napoléon prescrit aux envoyés de la ville de Madrid de lui apporter la soumission du peuple, 1808, aq., *Gautier.*

862. Capitulation de Madrid, 1808. *Gros.*

863-864. L'armée française traverse les défilés de Guadarrama, 1808, *Taunay. — Alaux et Lafaye.*

865-866. Mademoiselle de Saint-Simon sollicitant la grace de son père, 1808, *Lafon. — Alaux et Lafaye.*

867-868. Napoléon, à Astorga, accorde la liberté à des prisonniers anglais, 1809, *H. Lecomte. — Alaux et Baillif.*

869. Bataille de la Corogne, 1809.

870. Combat de Taum, (Bavière) 1809, aq. *S. Fort.*

871. Napoléon harangue à Abensberg les troupes bavaroises et wurtembergeoises, 1807, *Debret.*

872. Bataille d'Abensberg, 1809, aq. *Storelli.*

873-874. Combat et prise de Landshut, 1809, *Hersent. — aq., S. Fort.*

875-876. Bataille d'Eckmuhl, 1809, *par le même. — Alaux et Gilbert.*

877. Combat de Ratisbonne, 1809, aq. *Bagetti.*

878. Napoléon blessé devant Ratisbonne, 1809, *Gautherot.*

879. Attaque de Ratisbonne, 1809, *J. Ouvrier.*

880. Combat et prise de Ratisbonne, 1809, *Thévenin.*

881. Bataille d'Oporto, 1809.

882-883. Combat d'Ebersberg, 1809, *Taunay. — aq., S. Fort.*

884 Bivouac de Napoléon près le château d'Ebersberg, 1809, *Mongin.*

885. Bombardement de Vienne, 1809, *Bacler d'Albe.*

886. Attaque de Vienne, 1809, aq., *Ciceri.*

887. Passage du Tagliamento, 1809, *Alaux et Rigaud.*

888. Napoléon ordonne de jeter un pont sur le Danube pour passer dans l'île de Lobau, 1809, *Appiani.*

889-890. Bataille d'Essling, 1809, *Alaux* et *Lafaye*. —
Aq. *Pasquieri*.
891. Le maréchal Lannes blessé mortellement à Essling,
1899, *Bourgeois*.
892. Prise de Laybach, 1809, *Cogniet*.
893. Retour de Napoléon dans l'île de Lobau après la
bataille d'Essling, *Meynier*.
894. Combat de Mautern, 1809.
895. Bataille de Raab, 1809.
896. Prise de Raab, 1809, *Alaux* et *Philippotaux*.
897-898. L'armée française traverse le Danube à l'île de
Lobau, 1809, *Hue*. — *Alaux* et *Lafaye*.
899-900. Bataille de Wagram, première journée, 1809,
aq. *S. Fort* — 7 h. du soir, *par le même*.
901. Bivouac de Napoléon sur le champ de bataille à
Wagram, 1809, *A. Roëhn*.
902-903-904-905-906. Bataille de Wagram, deuxième
journée, 1809, aq. *S. Fort.* — 10 h. du matin,
*par le même.* — *Bellangé.* — *Horace Vernet.*
— Aq. *S. Fort.*
907-908. Combat d'Hellabrunn. — 1809, aq. *S. Fort.*
909. Combat de Znaïm, 1809, *Storelli*.
910 Les flottes française et anglaise devant Anvers, sur
l'Escaut, 1809, aq.
911. Prise de la frégate anglaise *le Ceylan* par la frégate
française *la Vénus*, 1809, *Gilbert*.
912. Bataille d'Ocana, 1809.
913. Marie-Louise, au moment de partir pour la France,
distribue ses bijoux à ses frères et sœurs, 1810,
*M^{me} Auzou*.
914. Arrivée de Marie-Louise à Compiègne, 1810, *par la
même.*
915.-916 Mariage de l'empereur Napoléon et de Marie-
Louise d'Autriche au palais du Louvre, 1810, *Rou-
gel. — par le même.*
917. Siége de Lérida, 1810, *Rémond.*
-9 19. Napoléon et Marie-Louise visitent l'escadre
mouillée dans l'Escaut, devant Anvers, 1810,
*Van Brée* —
9 ? ? 1. *Le Friedland*, vaisseau de 80 canons, lancé
dans le port d'Anvers, 1810, *par le même.* —
922. Bataille d'Alméida, 1810.

923. Combat naval du Grand-Fort-Royal, 1810, *Gilbert.*
924. Reddition de Tortose, *Rémond.*
925. Combat naval de la frégate française *la Pomone* contre les frégates anglaises *l'Alceste* et *l'Active,* 1811, *Gilbert.*
926. Combat naval en vue de l'île d'Aix, 1811.
927. Passage du Niémen, 1812, aq., *S. Fort.*
928. Combat de Gastalla, 1812, *Ch. Langlois.*
929. Bataille de Smolensk, 1812.
930. Bataille de Polotsk, 1812, *Langlois.*
931. Bataille de la Moskowa, 1812, *par le même.*
932. Défense du château de Burgos, 1812.
933. Combat de Krasnoë, 1812, aq,, *S. Fort.*
934. Combat naval en vue des îles de Loz, 1813, *Frepin.*
935. Bataille de Lutzen, 1813, *Baune.*
936. Bataille de Bautzen, 1813, *par le même.*
937. Prise de Hambourg, 1813.
938. Prise de Tarragone, 1813, *Rémond.*
939. Bataille de Hanau, 1813, *Freron.*
940. Combat naval entre le vaisseau français *le Wagram* et plusieurs vaisseaux anglais, 1813, *Mayer.*
941. Combat de Champ-Aubert, 1814.
942. Bataille de Montmirail, 1814, *Scheffer.*
943. Combat du vaisseau français *le Romulus* contre trois vaisseaux anglais, à l'entrée de la rade de Toulon, 1814, *Gilbert.*
944. Bataille de Montereau, 1814.
945. Défense de Berg-op-Zoom, 1814.
946. Combat de Claye, 1814, *E. Lamy.*
947. Bataille de Toulouse, 1814.
948. Napoléon signe son abdication à Fontainebleau, 1814.
949. Adieux de Napoléon à la garde impériale à Fontainebleau, 1814.
950. Arrivée de Louis XVIII à Calais, 1814.
951. Louis XVIII aux Tuileries, 1814, *Marigny, d'après Gérard.*
952. Séance royale pour l'ouverture des chambres et la proclamation de la charte constitutionnelle, 1814.
953. Napoléon s'embarque à Porto-Ferajo pour revenir en France, 1815, *Baume.*
954. Louis XVIII quitte les Tuileries, 1815, *Gros.*
955. Champ-de-Mai, 1815.

956. Mariage du duc de Berry, 1816.
957. Rétablissement de la statue d'Henri IV sur le Pont-
    Neuf, 1818.
958. Sépulture de Napoléon à Sainte-Hélène, 1821,
    *Alaux, d'après Gérard et Horace Vernet.*
960. Entrée des Français à Madrid, 1823.
961. Prise des retranchemens devant la Corogne, 1823.
962. Combat de Campillo d'Arenas, 1823, *Langlois.*
963. Attaque et prise des forts de l'Ile-Verte, 1823,
    *Gilbert.*
964. Prise du Trocadéro, 1823, *P. Delaroche.*
965. Combat de Llers, 1823.
966. Prise de Pampelune, 1823, *Carle Vernet.*
967. Prise du fort de Santi-Petri, 1823, *Gilbert.*
968. Bombardement de Cadix par l'escadre française,
    1823.
969. Combat de Puerto de Miranete, 1823, *E. Lamy.*
970. Entrée de Charles X à Paris, 1824.
971. Sacre de Charles X à Reims, 1825, *Gérard.*
972. Réception des chevaliers du Saint-Esprit dans la
    cathédrale de Reims, 1825.
973. Revue de la garde royale à Reims par Charles X,
    1825, *Gros.*
974. Revue de la garde nationale au Champ-de-Mars
    par Charles X, 1825, *H. Vernet.*
975-976. Bataille de Navarin, 1827, *Garneray.— Bou-
    terweck.*
977. Mort de Bisson, 1827, *M^me Raag.*
978. Entrée de Charles X à Colmar, 1828.
979. Entrevue du général Maison et d'Ibrahim-Pacha à
    Navarin, 1828.
980. Prise de Patras, 1828.
981. Prise de Coron, 1828.
982. Prise du château de Morée, 1828, *p ar La nglois.*
983. Bal donné au roi de Naples par le duc d'Orléans au
    Palais-Royal, 1830.
984. Débarquement de l'armée française à Sidi-Ferruch,
    1830, *Gudin.*
985. Bataille de Staoueli, 1830, *Carbillet.*
986. Attaque d'Alger par mer, 1830.
987. Prise du fort l'Empereur, 1830.
988. Entrée de l'armée française à Alger, 1830. — *Prise
    et possession de la Casauba.*

989. Arrivée du duc d'Orléans au Palais-Royal, 1830, *Carbillet*, *d'après H. Vernet.*

990. duc d'Orléans signe la proclamation de la lieutenance-générale du royaume, 1830, *Court.*

991. Le duc d'Orléans quitte le Palais-Royal pour se rendre à l'Hôtel-de-Ville, 1830, *H. Vernet.*

992-993. Arrivée du duc d'Orléans sur la place de l'Hôtel-de-Ville, 1830, *Larivière.* — *Fréron.*

994-995. Lecture à l'Hôtel-de-Ville de la déclaration des députés et de la proclamation du lieuten. gén. du royaume, 1830, *Gerard.* — *F. Dubois, d'après Gérard.*

996-997. Le lieutenant-général du royaume reçoit, à la barrière du Trône, le 1er régiment de hussards, commandé par le duc de Chartres, 1830, *A. Scheffer.*

998. Le duc d'Orléans et le duc de Chartres, à la tête du 1er régiment de hussards, rentrent au Palais-Royal.

999. La chambre des députés présente au duc d'Orléans la charte de 1830 et l'acte qui appelle le prince au trône, 1830, *Heim.*

1000. La chambre des pairs présente au duc d'Orléans son adhésion à la déclaration de la chambre des députés, 1830, *par le même.*

1001-1002. Le roi jure, en présence des chambres, de maintenir intacte la Charte de 1830, *E. Devéria.*

1003-1004. Le roi donne les drapaux aux gardes nationales de Paris et de la banlieue, 1830, *Court.* — *Dubois.*

1005. La garde nationale célèbre l'anniversaire de la naissance du roi dans la cour du Palais-Royal, 1830.

1006. Les quatre ministres signataires des ordonnances du 25 juillet 1830 sont reconduits à Vincennes après leur jugement, 1830, *Biard.*

1007. Le roi refuse la couronne offerte par le congrès belge au duc de Nemours, 1830, *Gosse.*

1008. Le roi distribue, au Champ-de-Mars, les drapeaux à l'armée, 1830, *F. Dubois.*

1009. Le roi visite le champ de bataille de Valmy, 1831, *Mauzaisse.*

1010. Entrée du roi à Strasbourg, 1831.

1011. La flotte française, sous les ordres de l'amiral Roussin, force l'entrée du Tage, 1831, *Mayer.*

1012. Entrée de l'armée française en Belgique, 1831, *Larivière*.
1013. Occupation d'Ancône par les troupes françaises, 1832.
1014. Prise de Bone, 1832, *Bouterweck, d'après Horace Vernet*.
1015. Le roi au milieu de la garde nationale dans la nuit du 5 juin, 1832, *Biard*.
1016. Le roi parcourt Paris et parle aux blessés, 1832, *Rubio, d'après Debay*.
1017. Mariage du roi des Belges avec la princesse Louise d'Orléans, 1832, *Court*.
1018. Siége d'Anvers, 1832.
1019. Le duc d'Orléans au siége d'Anvers, 1832, *Lugardon, d'après Roger*.
1020. Le duc de Nemours au siége d'Anvers, 1832, *E. Lamy* et *A. Faure*.
1021. Prise de la lunette Saint-Laurent, 1832, *Jouy, d'après Bellangé*.
1022. Armement de la batterie de brêche, 1832, *E. Lamy*.
1023. Combat de Doël, 1832, *d'après Gudin*.
1024. La garnison hollandaise met bat les armes devant les Français à la citadelle d'Anvers, 1832, *Philippoteaux*.
1025. Le roi distribue, au Champ-de-Mars, à Lille, des récompenses à l'armée du Nord, 1832.
1026. Inauguration de la statue de Napoléon sur la colonne de la place Vendôme, 1833.
1027. Le roi sur la rade à Cherbourg, 1832, *Gudin*.
1028. Funérailles des victimes de l'attentat du 28 juillet 1835, célébrées aux Invalides, 1835, *A. Johannot*.
1029. Combat de l'Abrach, 1835, *Th. Leblanc*.
1030. Marche de l'armée française après la prise de Mascara, 1835, *par le même*.

---

## VUES DE CHATEAUX ROYAUX, PALAIS ET JARDINS.

1031. Château de Meudon en 1710, *Martin*.
1032. Château de Chambord en 1705, *par le même*.
1033. Château du Grand-Trianon en 1705, *par le m*
1034. Château de Vincennes en 1669, *Vandermeule*
1035. Château de Versailles en 1669, *par le même*.

1036. Château et jardins de Saint-Cloud *en* 1715 *(tableau du temps)*.

1037. Château de Clagny *en* 1778.

1038. Château de Versailles *en* 1772 , *Martin*.

1039. Château de Madrid *en* 1724.

1040. Château de Saint-Hubert , *en* 1722 , *Martin*.

1041. Château et jardins de Marly *en* 1722, *par le même*.

1042, Château de Fontainebleau *en* 1722, *par le même*.

1043. Jardins de Versailles. *Bosquet de la Fontaine du Dôme en* 1669.

1044. — — Bosquet des Trois-Fontaines en 1790.

1045. — — Bosquet du Bassin-Dauphin en 1690.

1046. — — Bassin des Trois-Fontaines , en 1690.

1047. — — Bosquet de l'Arc-de-Triomphe , en 1690.

1048. — — Bosquet de la Salle-de-Bal , en 1690.

1049. — — Bosquet et bassin de l'Ile-d'Amour, en 1690.

1050. — — Bassin de Neptune , en 1690.

1051. — — Bassin du Dragon , en 1690.

1052. — — Parterre de l'Orangerie et pièce d'eau des Suisses, en 1690.

1053. — — Bosquet de la Fontaine de l'Encelade, 1690.

1054. — — Bassin de Neptune , en 1688, *Martin*.

1055. Château de Versailles. Cour d'Honneur et des Ministres , en 1714, *par le même*.

1056. Jardins de Versailles. Parterre du Nord, en 1690, *Allegrain*.

1057. Château de Versailles. Vue prise des étangs de Montboron, en 1700, *Martin*.

1058. Jardins de Versailles. Orangerie et pièce d'eau des Suisses , en 1700 , *Martin*.

1059. — — Bosquet de l'Ile-d'Amour, 1700, *Allegrain*.

1060. — — Bosquet de la Fontaine - de - l'Obélisque, en 1710, *Allegrain*.

1061. Grand-Trianon. Parterre des Quatre-Pucelles , en 1700. *Allegrain*.

1062. Jardins de Versailles. Ancien emplacement de l'Obélisque, en 1700, *Allegrain*.

1063. Château de Vincennes , en 1724, *Martin*.

1064. Jardins de Versailles. Fontaine d'Apollon , en 1710, *Martin*.

1065. Cascade du jardin du Grand-Trianon , en 1714, *Allegrain*.

1066. Château de Saint-Germain , en 1724, *Martin*.

1067. Château du Grand-Trianon, en 1724, *par le même.*
1068. Jardins de Versailles. Salle des Empereurs, en 1724, *Allegrain.*
1069. — — Bosquet des Bains-d'Apollon, 1710, *Martin.*
1070. Château de Marly, en 1724, *par le même.*
1071. Projet pour le Pont-Neuf, Paris vers 1585.
1072. Château des Tuileries, Paris vers 1620.
1073. Machine de Marly, en 1686, *Martin.*
1074. Château des Tuileries, Paris vers 1785.
1075. — — Carrousel donné par Louis XIV le 5 juin 1662.
1076. — — Paris vers 1785.
1077. Statue de Henri IV, Pont-Neuf, tour de Nesle, vers 1670.
1078. Château de Pau.
1079. Le Petit-Châtelet, Paris vers 1786.
1080. Le Pont-au-Change, Paris vers 1786.
1081. Projet pour le château de Versailles, vers 1650.
1082-1083. Jardins de Versailles. Bosquet du Labyrinthe.
1084. — — Bosquet de l'Arc-de-Triomphe, en 1690.
1085. — — Bosquet du Théâtre-d'Eau, en 1690.
1086. — — Bosquet.
1087. — — Bosquet de la Colonnade, vers 1690.
1088. — — Bosquet du Parterre-d'Eau.
1089. — — Parterre de l'Orangerie, vers 1690.
1090. — — Partie inférieure du théâtre d'Eau, vers 1690.
1091. Parterre du Grand-Trianon, vers 1690.

## PORTRAITS.

### PORTRAITS DES ROIS DE FRANCE.

*Ils sont placés au rez-de-chaussée, partie centrale, salle 29.*

1092. Pharamond.
1093. Clodion.
1094. Mérovée.
1095. Chilpéric I.
1896. Clovis Ier., *Dejuinne.*
1897. Childebert I.
1098. Clotaire I.
1099. Caribert.
1100. Chilpéric II.

1101. Clotaire II, *Monvoisin.*
1102. Dagobert I.
1103. Clovis II.
1104. Clotaire III.
1105. Chilédric II.
1106. Thierry I.
1107. Clovis III.
1108. Childebert II.
1109. Dagobert II.

1110. Chilpéric III.
1111. Thierry III.
1112. Childéric III.
1113. Pépin-le-Bref, *Amiel.*
1114. Charlemagne, *Amiel.*
1115. Louis-le-Débonnaire, *Dassy.*
1116. Charles-le-Chauve, *Steuben.*
1117. Louis-le-Bègue,
1118. Louis III et Carloman, *Steuben.*
1119. Charles-le-Gros.
1120. Eudes, *Steuben.*
1121. Charles-le-Simple.
1122. Raoul.
1123. Louis IV.
1124. Lothaire.
1125. Louis V.
1126. Hugues Capet, *Steuben.*
1127. Robert, *Blondel.*
1128. Henri I, *idem.*
1129. Philippe I, *St.-Evre.*
1130. Louis-le-Gros, *Blondel.*
1131. Louis-le-Jeune.
1132. Philippe-Auguste, *Amiel.*
1133. Louis VIII, *Lehmann.*
1134. Saint-Louis, *de Creuse.*
1135. Philippe-le-Hardi, *St. Evre.*
1136. Philippe-le-Bel.

1137. Louis X, *Tassaert.*
1138. Jean I.
1139. Philippe-le-Long, *Debacq.*
1140. Charles IV, M^me *Dehérain.*
1141. Philippe-de-Valois, *R. Fleury.*
1142. Jean II, *Lugardon.*
1143. Charles V, *Dejuinne.*
1144. Charles VI, *Lehmann.*
1145. Charles VII, *idem.*
1146. Louis XI, *Thevenin.*
1147. Charles VIII, *Gigoux.*
1148. Louis XII, *Brune.*
1149. François I, M^lle *Clotilde de Gérard.*
1150. Henri II, *Naigeon.*
1151. François II, *Rauch.*
1152. Charles IX, *Brune.*
1153. Henri III, *Rubio.*
1154. Henri IV, M^me *Léoménil.*
1155. Louis XIII, *Lestang.*
1156. Louis XIV, *Rigaud.*
1157. Louis XV, *Vanloo.*
1158. Louis XVI, *Callet.*
1159. Napoléon, *Robert-Lefèvre.*
1160. Louis XVIII, *D. Franque.*
1161. Charles X, *D. Franque,*
1162. Louis-Philippe I, *Court.*

## PORTRAITS DES AMIRAUX DE FRANCE.

*Partie centrale, rez-de-chaussée, salle 41.*

1163. Florent de Varennes, 1278.
1164. Enguerrand de Coucy, 1283.
1165. Mathieu de Montmorency, 1285.

1166. Jean d'Harcourt, 1295.
1167. Othon de Troy. 1297.
1168. Benoist Zacharie, 1250.
1169. Grimaldi, 1302.
1170. Chepoy, 1315.

1171. Bérenger-Blanc, 1326.
1172. Tristan, 1324.
1173. Pierre Miége, 1326.
1174. Chepoy, 2e du nom, 1355.
1175. Hugues Quieriet, 1340.
1176. Doria, 1340.
1197. Beuchet, 1340.
1178. Louis de la Cerda, 1341.
1179. Flotte, 1345.
1180. J. de Nanteuil, 1347.
1181. E. Quieriet, 1359.
1182. Menteney, 1359.
1183. De la Heuse, 1359.
1184. Perilleux, 1369.
1185. Narbonne, 1382.
1186. J. de Vienne, 1373.
1187. R. de Trie, 1397.
1188. De Bréban, 1405.
1189. Dampierre, 1408.
1190. R. de Braquemont, 1415.
1191. De Poix, 1418.
1192. Recourt, 1410.
1193. De Bauvoir, 1420.
1194. Cluant, 1422.
1195. Lohéac, 1436.
1196. Coétivy, 1439.
1197. Bueil, 1450.
1198. Montauban. 1461.
1199. Louis de Bourbon, 1466

1200. Graville, 1489.
1201. Ch. d'Amboise, 1508.
1202. Bonnivet, 1515.
1203. Chabot, 1540.
1204. D'Annebaut, 1550.
1205. Gaspard de Coligny.
1206. De Villars, 1590.
1207. Duc de Mayence, 1578
1208. Joyeuse, 1582.
1209. D'Epernon, 1587.
1210. De Nangis, 1589.
1211. Lavalette, 1589.
1212. Duc de Biron, 1589.
1213. De Villars, 1594.
1214. Damville, 1596.
1215. Henri de Montmorency, 1612.
1216. Cardinal de Richelieu, 1626.
1217. Anne d'Autriche, 1626
1218. Duc de Brézé, 1628.
1219. Duc de Vendôme, 1650
1220. Duc de Beaufort, 1650.
1221. Comte de Vermandois. 1669.
1222. Comte de Toulouse, 1683.
1223. Duc de Penthièvre.
1224. Joachim Murat, 1805.
1225. Duc d'Angoulême, 1814.

## CONNÉTABLES DE FRANCE.

*Rez-de-chaussée, partie centrale, salle 42.*

1226. Albéric de Montmorency, 1060, *Lavauden*
1227. Thibaut de Montmorency, 1083.
1228. Aleaume, 1072.
1229. Dreux.
1230. Gaston de Chaumont.
1231. Hugues, 1110.

1232. Guy, 1115.
1233. Hugues de Chaumont, 1118.
1234. Mathieu de Montmorency, 1138.
1235. Raoul de Clermont, 1191.
1236. De Mello, 1193.

1257. Mathieu de Montmo-
rency, 1210, *Lugardon*
1258. Monfort, 1230, *par H.
Scheff r.*
1259. Trasignies, 1250.
1240. Humbert de Beaujeu,
1277.
1241. Roul de Nesle. 1285.
1242. Chatillon, 1302, *Monvoisin.*
1243. D'Eu, 1327.
1244. Guines, 1544.
1245. Comte d'Angoulême,
1351, *Couder.*
1246. Jacques de Bourbon,
1354, *Blondel.*
1247. G. de Brienne, 1556,
*Rubio.*
1248. Defiennes, 1366.
1249. Bertrand du Guesclin,
1370, *Féron.*
1250. Olivier Clisson, 1380,
*A. Scheffer.*

1251. Comte d'Eu, 1592,
*Mauzaisse.*
1252. Sancerre, 1597, *Ziégler.*
1253. Charles d'Albret, 1402
1254. Saint-Pol, 1411.
1255. Bernard d'Armagnac.
1256. Buchan, 1424.
1257. Richemont, 1425, *Dupré.*
1258. St.-Pol, 1465, *Steuben.*
1259. Jean de Bourbon,
1485, *Lugardon.*
1260. Charles de Bourbon,
1483, *Caillot.*
1261 Anne de Montmorency
1538, *Amiel.*
1262. Henri de Montmoren-
cy, 1553, *Elex.*
1263. De Luynes, 1621, *Robert Fleury.*
1264. De Lesdiguières, 1609,
*le même.*

## MARÉCHAUX DE FRANCE.

*Rez-de-chaussée, partie centrale, salles 43 à 49.*

1265. Pierre, 1185.
1266. Clément, 1191.
1267. Bournel, 1192.
1268. D'Arras, 1198.
1269. Henri Clément, 1204.
1270. Jean Clément, 1214.
1271. Challeranges, 1240.
1272. De Beaumont, 1250.
1273. Gautier de Nemours,
1257.
1274. D'Argentan, 1262.
1275. De Beaujeu, 1265.
1276. De Pressigny, 1265.
1277. D'Estrées, 1270.
1278. Saint-Maard, 1270.
1279. De Verneuil, 1278.
1280. Crespin, 1282.

1281. D'Harcourt, 1283.
1282. Le Flament, 1285.
1283. De Varennes, 1288.
1284. De Melun, 1290.
1285. De Nesle, 1292.
1386. Merle, 1302.
1287. Noyers, 1302.
1288. Gréz, 1308.
1289. De Beaumont, 1315.
1290. De Trie, 1315.
1291. J. des Barres, 1318.
1292. Moreuil, 1336.
1293. Briquebec, 1344.
1294. Ch. de Montmorency,
1344.
1295. Saint-Venant, 1344.
1296. De Beaujeu, 1347.

1297. D'Offemont, 1348.
1298. Audeneham, 1351.
1299. Hangest, 1352.
1300. J. de Clermont, 1352.
1301. Boucicault, 1366.
1302. Blainville, 1368.
1303. Sancerre, 1368.
1304. Boucicault II, 1391.
1305. Jean de Rieux, 1397.
1306. De Rochefort, 1417.
1307. De Bauvoir, 1418.
1308. L'Ile-Adam, 1418.
1309. Montberon, 1418.
1310. Lafayette, 1421.
1311. De Vergy, 1422.
1312. De La Beaume, 1422.
1313. De Severac, 1427.
1314. De Boussac, 1427.
1315. De Raiz, 1429.
1316. De Lonéac, 1439.
1317. Jaloignes.
1318. De Xintrailles, 1454.
1319. De Comminges.
1320. Gamaches, 1461.
1321. De Borzelle.
1322. De Gié, 1476.
1323. Desguerdes, 1483.
1324. De Baudricourt, 1486.
1325. De Trivulce, 1439.
1326. De Chaumont, 1506.
1327. Lautrec, 1511.
1328. D'Aubigny, 1514.
1329. De Chabannes, 1515.
1330. De Châtillon, 1516.
1331. De Lescun, 1518.
1332. Anne de Montmorency 1522.
1333. De Lamarck, 1523.
1334. De Trivulce, 1525.
1335. De Montejan, 1338.
1336. D'Annebaut, 1538.
1337. Biez, 1542.
1338. Monpezat, 1544.
1339. De Melphes, 1544.

1340. Saint-André, 1547.
1341. De Bouillon, 1547.
1342. De Brissac, 1550.
1343. De Strozzi, 1554.
1344. De Thermes, 1558.
1345. François de Montmorency, 1559.
1346. De Vieilleville, 1562.
1347. De Bourbillon, 1564.
1348. Henri de Montmorency, 1566.
1349. De Cossé, 1570.
1350. De Tavannes, 1570.
1351. De Villars, 1571.
1352. De Retz, 1573.
1253. De Bellegarde, 1574.
1354. De Montluc, 1574.
1355. De Biron, 1577.
1356. De Matignon, 1579.
1357. D'Aumont, 1579.
1358. De Joyeuse, 1582.
1359 De Bouillon, 1592.
1360. De Biron, 1594.
1361. De Lachâtre, 1594.
1362. De Brissac, 1594.
1363. De Belagny, 1594.
1364. De Lavardin, 1595.
1365. De Joyeuse, 1596.
1366. Bois-Dauphin, 1597.
1367. Ornano, 1597.
1368. De Fervaques, 1597.
1369. De Lesdiguières, 1609.
1370. Concini, 1613.
1371. De Saufré, 1614.
1372. De Roquelaure, 1614.
1373. De Lachâtre, 1616.
1374. De Thémines, 1616.
1375. De Montigny, 1616.
1376. De Vitry, 1617.
1377. De Praslin, 1619.
1378. De Saint-Géran, 1619.
1379. De Chaulnes, 1619.
1380. D'Aubeterre, 1620.
1381. De Créqui, 1621.

1382. De Coligny-Châtillon, 1622.
1383. De Laforce, 1622.
1384. Bassompierre, 1622.
1385. De Schomberg, 1625.
1386. Ornano, 1626.
1387. D'Estrées, 1626.
1388. De Saint-Luc, 1627.
1389. De Marillac, 1629.
1390. Henri de Montmorency, 1630.
1391. De Toiras, 1630.
1392. D'Effiat, 1631.
1393. De Brézé, 1632.
1394. De Sully, 1634.
1395. De Schomberg, 1637.
1396. De la Meilleraye, 1639.
1397. De Grammont, 1641.
1398. De Guébriant, 1642.
1399. De Lamothe-Houdancourt, 1642.
1400. De L'Hôpital, 1643.
1401. Turenne, 1643.
1402. De Gassion, 1643.
1403. De Plessis - Praslin.
1404. De Rantzau, 1645.
1405. De Villeroi, 1646.
1406. D'Aumont, 1651.
1407. D'Estampes, 1651.
1408. D'Hocquincourt, 1651.
1409. De La Ferté, 1651.
1410. De Grancey, 1651.
1411. De la Force, 1652.
1412. De Clérambault, 1625.
1413. D'Albret, 1652.
1414. De Foucault, 1653.
1415. De Schulemberg, 1658
1416. De Fabert, 1658.
1417. De Castelnau, 1658.
1418. De Bellefonds, 1668.
1419. De Créqui, 1668.
1420. De Humières, 1668.
1421. D'Estrades, 1675.
1422. De Navailles, 1675.

1423. De Schomberg, 1675.
1424. De Duras, 1675.
1425. De La Feuillade, 1675.
1426. De Vivonne, 1675.
1427. De Luxembourg, 1685.
1428. De Rochefort, 1675.
1429. De Lorges, 1676.
1430. D'Estrées, 1581.
1431. De Choiseuil, 1693.
1432. De Joyeuse, 1693.
1433. De Villeroi, 1693.
1434. De Boufflers, 1693.
1435. De Tourville, 1693.
1436. De Noailles, 1693.
1437. Catinat, 1693.
1438. De Villars, 1702.
1439. De Chamitty, 1703.
1440. D'Estrées, 1703.
1441. De Chateau - Renaud, 1703.
1442. Vauban, 1703.
1443. De Balweiler, 1703.
1444. D'Huxelles, 1703.
1445. De Tessé, 1703.
1446. De Tallard, 1703.
1447. De Montrevel, 1703.
1448. D'Harcourt, 1703.
1449. De Marsin, 1703.
1450. De Berwick, 1706.
1451. De Matignon, 1708.
1452. De Bezons, 1709.
1453. De Montesquiou, d'Artagnan, 1709.
1454. De Broglie, 1723.
1455. De Roquelaure, 1724.
1456. De Médavy, 1724.
1457. Du Bourg, 1723.
1458. D'Alègre, 1724.
1459. De La Feuillade, 1724.
1460. De Grammont, 1724.
1461. De Coëtlogod, 1730.
1462. De Biron, 1734.
1463. De Puységur, 1734.
1464. D'Asfeld, 1734.

1465. De Noailles, 1734.
1466. De Montmorency, 1734.
1467. De Coigny, 1734.
1468. De Broglie, 1734.
1469. De Brancas, 1741.
1470. De Chaulnes, 1741.
1471. De Nangis, 1741.
1472. D'Isenghien, 1741.
1473. De Duras, 1741.
1474. De Maillebois, 1741.
1475. De Belle-Isle, 1741.
1476. De Saxe, 1744.
1477. De Maulevrier, 1745.
1478. De Balincourt, 1745.
1479. De Lafare, 1746.
1480. D'Harcourt, 1746.
1481. De Montmorency-Laval, 1747.
1482. De Clermont-Tonnerre, 1747.
1483. De Lamotte-Houdancourt, 1747.
1484. De Lowendhall, 1747.
1485. De Richelieu, 1748.
1486. De Senneterre, 1756.
1487. De Latour-Maubourg, 1757.
1488. De Lautrec, 1757.
1489. De Biron, 1757.
1490. De Luxembourg, 1757.
1491. D'Estrées, 1757.
1492. De Thomond, 1757.
1493. De Mirepoix, 1757.
1494. De Bercheny, 1758.
1495. De Conflans, 1758.
1496. De Contades, 1758.
1497. De Soubise, 1758.
1498. De Broglie, 1759.
1499. De Lorges, 1768.
1500. D'Armentières, 1768.
1501. De Brissac, 1768.
1502. D'Harcourt, 1775.

1503. De Noailles, 1775.
1504. De Nicolaï, 1775.
1505. De Fitz-James, 1775.
1506. De Mouchy, 1775.
1507. De Duras, 1775.
1508. De Muy, 1775.
1509. De Laval-Montmorency, 1783.
1510. De Castries, 1783.
1511. De Beauveau-Craon, 1783.
1512. De Mailly, 1783.
1513. D'Aubeterre, 1783.
1514. De Ségur, 1783.
1515. De Croy, 1783.
1516. De Vaux, 1783.
1517. De Choiseul-Sainville, 1783.
1518. De Levis, 1783.
1519. D'Estaing, 1791.
1520. D'Orléans (Philippe-Joseph), 1791.
1521. Du Chaffault, 1791.
1522. Luckner, 1791
1523. De Rochambeau, 1791.
1524. Berthier, 1804.
1525. Murat, 1804.
1526. Moncey, 1804.
1527. Jourdan, 1804.
1528. Masséna, 1804.
1529. Augereau, 1804.
1530. Bernadotte, 1804.
1531. Soult, 1804.
1532. Brune, 1804.
1533. Lannes, 1804.
1534. Mortier, 1805.
1535. Ney, 1804.
1536. Davoust, 1804.
1537. Bessière, 1804.
1538. Kellermann, 1804.
1539. Lefebvre, 1804.
1540. Pérignon, 1804.
1541. Serrurier, 1804.

1542. Victor, 1807.
1543. Oudinot, 1809.
1544. Marmont, 1809.
1545. Macdonald, 1809.
1546. Suchet, 1811.
1547. Gouvion - Saint - Cyr, 1812.
1548. Poniatowsky, 1813.
1549. De Coigny, 1816.
1550. De Beurnonville, 1816.
1551. Clarke, 1816.
1552. De Vioménil, 1816.
1553. Lauriston, 1823.
1554. Molitor, 1823.
1555. Hohenlohe, 1827,
1556. Maison, 1829.
1557. De Bourmont, 1830.
1558. Duperré, amir. 1830.
1559. Gérard, 1830.
1560. Clausel, 1831.
1561. Mouton-Lobau, 1831.
1562. Truguet, amiral, 1831.
1563 De Grouchy, honoraire, 1831.

## PORTRAITS DE GUERRIERS CÉLÈBRES.

( Nota. *La date indique l'année de la mort du personnage.* )

1564. Godefroy de Bouillon, 1100.
1565. Raoul de Vermendois, 1152.
1566. Thibault, comte de Champagne, 1191.
1567. Duc de Bourbon, 1er du nom, 1211.
1568. Philippe-le-Hardi, duc de Bourgogne, 1404.
1569. Louis de France, duc d'Orléans, 1407.
1570. Louis II, duc de Bourbon, 1410.
1571. Jean-sans-Peur, duc de Bourgogne. 1419.
1572. Janne d'Arc, 1431.
1573. Lahire, 1442.
1574. Tanneguy - Duchatel, 1449.
1575. Dunois, 1468.
1576. Vendôme, 1595.
1577. Montpensier, 1596.
1578. Duc de Nemours, 1503.
1579. D'Aubusson, 1503.
1580. Luxembourg, 1503.
1581. Gaston de Foix, 1512.
1582. La Roche-s.-Yon, 1520
1583. Bayard, 1524.
1584. La Trémouille, 1532.
1585. Villiers de l'Ile-Adam, 1534.
1586. Vendôme, 1537.
1587. Comte d'Enghien, 1545
1588. Saint-Pol, 1545.
1589. Duc de Guise, 1550.
1590. Fraëlich, 1562.
1591. Le duc François de Guise, 1563.
1592. Jean de Lavallette, 1568.
1593. D'Estrées, 1571.
1594. Duc Henri de Guise, 1578.
1595. Montmorency, 1581.
1596. Lanoue, 1581.
1597. Crillon, 1615.
1598. Duc de Rohan, 1638.
1599. Prince de Carignan, 1656.
1600. Comte d'Harcourt, 1666.
1601. Le grand Condé, 1687.
1602. Duquesne, 1688.
1603. Philippe d'Orléans, 1701.

1604. Duc de Vendôme, 1712.
1605. Jean-Bart, 1702.
1606. Le Régent, 1723.
1607. Duguay-Trouin, 1736.
1608. Chevert, 1769.
1609. Prince de Conti, 1769.
1610. Suffren, 1788.
1611. Lafayette, 1834.
1612. Biron, 1793.
1613. Custine, 1793.
1614. Dumouriez, 1693.
1615. Dampierre, 1793.
1616. Houchard, 1793.
1617. Dugommier, 1793.
1618. Fonteville, 1794.
1619. Aubert du Bayet, 1797.
1620. Marceau, 1796.
1621. Joubert, 1799.
1622. Championnet, 1800.

1623. Hoche, 1797.
1624. Kléber, 1800.
1625. Desaix, 1800.
1626. Leclerc, 1802.
1627. Hatry, 1802.
1628. Pichegru, 1804.
1629. Lasalle, 1809.
1630. Moreau, 1813.
1631. Junot, 1813.
1632. Vandamme, 1830.
1633. Latouché - Tréville, 1814.
1634. Lecourbe, 1815.
1635. Rapp, 1821.
1636. Villaret-Joyeuse, 1812.
1637. Reynier, 1814.
1638. Eugène Beauharnais, 1824.
1639. Hédouville, 1825.

## SALLE DE 1792.

*Aile du nord, premier étage, salle 35.*

1640. Napoléon Bonaparte, l.-c. au 1er de la Corse en 1792, *A. Faure.*
1641. Custine, *Court.*
1642. Montesquiou, *Dubuffe.*
1643. Beurnonville, *Heim.*
1644. Beauharnais, *Rouget.*
1645. Valence, *Blondel.*
1646. Biron, *Court.*
1647. Luckner, *Couder.*
1648. Rochambeau, *Larivière.*
1649. Lafayette, *Court.*
1650. Dumouriez, *Rouillard.*
1651. Kellerman, *Rouget.*
1652. Louis-Philippe I, duc de Chartres en 1792, *Cogniet.*
1653. Wimpfer, *Goyet.*
1654. Dillon, *Belloc.*
1655. Crassier, *Thévenin.*

1656. Duc de Montpensier, *Faure.*
1657. Beaurepaire, *Monvoisin.*
1658. Miranda, *Rouget.*
1659. Dampierre, *Monvoisin.*
1660. Belliard, capit. 1792, *Dubois.*
1661. Lecourbe, lieut.-col. en 1792, *Libour.*
1662. Richepanse, lieuten. au 1er chasseurs en 1792, *Durupt.*
1663. Hatry, chef de bataill. en 1792, *Schwittet.*
1664. Aubert Dubayet, *Guérin.*
1665. Marceau, volontaire au 1er bat. d'Eure-et-Loir en 1792, *Vinchon.*
1666. D'Hédouville, capit.

au 6ᵉ chasseurs en 1792, *Guérin.*

1667. Serrurier, l.-c. au 68ᵉ de lig. en 1792, *Delanoë.*

1668. Pérignon, lieut.-col. en 1792, *Amiel.*

1669. Clauzel, capit. en 1792, *Rouget.*

1670. Lauriston, capit. en 1792, *Amiel.*

1671. Grouchy, col. de dragons eu 1793, *Rouget.*

1672. Truguet, capit. de vaisseau en 1792. *Guérin.*

1673. Victor, lieut.-col. en 1792, *Rouget.*

1674. Pichegru, adj. d'artill. en 1792, *Caminade.*

1675. Brune, capit. en 1792, *Vinchon.*

1676. Bessières, adj. en 1792, *Paulin Guérin.*

1677. Lannes, sous-lieut. en 1792, *le même.*

1678. Augereau, adj.-major en 1792, *Thévenin.*

1679. Berthier, gén. de brig. en 1792, *Lépaulle.*

1680. Davoust, lieut.-col. en 1792, *A. Pérignon.*

1681. Molitor, cap. en 1792, *A. Brune.*

1682. Masséna, lieut.-col. en 1792, *Waschsmut.*

1683. Duperré, matelot en 1792, *Rouget.*

1684. Oudinot, lieut.-col. en 1792, *Monvoisin.*

1685. Suchet, lieut. col. en 1792, *Raverat.*

1686. Gouvion-St.-Cyr, cap. en 1792, *Rouget.*

1687. Lefebvre, cap. en 1792 *Wachsmut.*

1688. Houchard, g. de brig. en 1792, *Rouget.*

1689. Bernadotte, lᵗ au 36ᵉ de ligne en 1792, *Amiel.*

1690. Gérard, volontaire en 1792, *Larivière.*

1691. Hoche, capit. en 1792, *Lefebvre.*

1692. Moncey, cap. en 1792, *Dedreux-Dorcy.*

1693. Jourdan, lieut.-col. en 1792, Mˡˡᵉ *Volpelière.*

1694. Macdonald, capit. en 1792, *Rioult.*

1695. Maison, grenadier en 1792, *Cogniet.*

1696. Murat, sous-lieut. au 12ᵉ chasseurs en 1792, *Paulin Guérin.*

1697. Soult, serg. au 23ᵉ de lig. en 1792, *Raverat.*

1698. Mouton-Lobau, capit. en 1792, *Larivière.*

1699. Mortier, cap. en 1792, *le même.*

1700. Ney, s.-lt. au 17ᵉ hussards en 1792, *Brune.*

1701. Kléber, lieut.-col. en 1792, *Paulin Guérin.*

1702. Carnot, cap. du génie en 1792, *Bouchot.*

1703. Championnet, l.-col., en 1792, *le même.*

1704. Reynier, canonnier en 1792, *Philippoteaux.*

1705. Desaix, cap. en 1792, *Steuben.*

1706. Dugommier, gén. de brig. en 1792, *Bouchot.*

1707. Joubert, sous-lieut. en 1792, *le même.*

1708. Junot, sergent en 1792, *Raverat.*

1709. La Touche Tréville,

contre-amir. eu 1792, *Paulin Guérin.*
1710. Marmont, lieuten. en 1792, *Rouget.*

1711. Moreau, lieut.-col. en 1792, *Bouchot.*
1712. Foy, lieut. d'artillerie en 1792, *Grégorius.*

## PORTRAITS DE PERSONNAGES CÉLÈBRES
### A DIFFÉRENS TITRES.

1713. Charlemagne.
1714. Saint Bernard.
1715. Simon de Montfort.
1716. Guy de Lévis.
1717-1718. Saint Louis.
1719. Guillaume II.
1720. Albert-le-Grand.
1721. Philippe-le-Hardi.
1722. Louis d'Anjou-Sicile.
1723. Jeanne, r. de France.
1724. Humbert, dauphin de France.
1725. Isabelle de France, reine d'Angleterre.
1726. Philippe de Valois.
1727. Dante Alighieri.
1728-1729. Pétrarque.
1730. Boccace.
1731. Barthole, jurisconsulte
1732. Isabeau de Valois.
1733. Jean de Montfort, duc de Bretagne.
1734. Jean II, dit le Bon.
1735-1736. Charles V, le Sage
1737. Charles-le-Mauvais, roi de Navarre.
1738. Bertrand Duguesclin.
1739. Louis de France, duc d'Anjou.
1740. Jeanne de Navarre.
1741-1742. Charles VI.
1743. Isabeau de Bavière, reine de France.
1744. Jean de France, duc de Berry.

1745. Louis de France, duc d'Orléans.
1746. Valentine de Milan.
1747. Jean-sans-Peur, duc de Bourgogne.
1748. Pierre Balde, jurisconsulte.
1749. Jean VI de Bavière, duc de Luxembourg.
1750. Jean II, roi de Castille et de Léon.
1751. Lahire.
1752-1753. Charles VII.
1754. Agnès Sorel.
1755. Comte de Montpensier, dauphin d'Auvergne.
1756. Charles de France, duc d'Orléans et de Milan.
1757. Charles de France, duc de Berri.
1758. Juvénal des Ursins et sa famille.
  1° Michelle de Vitry, sa femme.
  2° Jean Juvénal des Ursins, archevêque de Reims.
  3° Jeanne Juvénal des Ursins.
  4° Louis Juvénal des Ursins.
  5° Jeanne Juvénal des Ursins.
  6° Eudes Juvénal des Ursins.

7° Denis Juvénal des Ursins.

8° Marie Juvénal des Ursins.

9° Guillaume Juvénal des Ursins.

10° Pierre Juvénal des Ursins.

11° Michel Juvénal des Ursins.

12° Jacques Juvénal des Ursins.

1759. Guillaume Juvénal des Ursins, chancelier de France.

1760. Claude de Bauvoir.

1761. Marsile Ficin, savant.

1762. Théodore Gaza, savant.

1763. Ange Politien, savant.

1764. Pomponius Lœtus, historien.

1765. Jean Bessarion, patr. de Constantinople.

1766. François Philelphe, savant.

1767. Plattina, savant.

1768. Agricola, savant.

1769 à 1771. Philippe-le-Bon.

1772. Création de l'ordre de la Toison-d'Or, 1429.

1773-1774. Charles-le-Téméraire, duc de Bourgogne.

1775. Assemblée du parlement de Bourgogne à Dijon, 1476.

1776. Marie de Montauban.

1777-1778. Louis XI.

1779-1780. Charles VIII.

1781. Charles, 2° du nom, card. duc de Bourbon.

1782. Pierre, duc de Bourbon.

1783. Anne de Baujeu.

1784. Isadelle d'Aragon.

1785. Laurent, 2° de Médicis, duc d'Urbin.

1786. Barbarus, patriarche d'Aquilée.

1787. Savonarole, rel. domin.

1788. Pic de la Mirandole.

1789. Pontanus, savant.

1790. Sabellicus, historien.

1791. César Borgia.

1792. Philippe de Comynes.

1793. François de Larochef.

1794. Christophe Colomb.

1795. Améric Vespuce.

1796-1797. Maximilien I, empereur d'Allemagne.

1798. Le même et sa famille :

1° Marie, sa femme.

2° Philippe I, archid.

3° Charles, depuis Charles-Quint.

4° Ferdinand I.

5° Louis II, roi de Hongrie et de Bohême.

1799-1800. Marie de Bourgogne, impératrice d'Allemagne.

1801. Philippe I, roi d'Espagne.

1802. Jeanne-la-Folle, reine d'Espagne.

1803-1804. Louis XII.

1805. Jeanne de France, reine de France.

1806-1807. Anne de Bretagne, reine de France.

1808. Georges d'Amboise.

1809. La Trémouille.

1810. Ferdinand Magellan.

1811. Louise de Savoie, duchesse d'Angoulême.

1812. Guillaume de Montmorency.

1813. Raphaël Sanzio.
1814. Castiglione.
1815. Antoine de Florence, médecin.
1816. Arioste.
1817 à 1820. François I.
1821 à 1823. Claude de France, reine de France.
1824. Bayard.
1825. L'amiral Bonnivet.
1826. Le prince de La Roche-sur-Yon.
1827. La princesse de La Roche-sur-Yon.
1828. Henri d'Albret, roi de Navarre.
1829. Jacques Sadolet.
1830. Le cardin. de Médicis.
1831. Louis de Lorraine, comte de Vaudemont.
1832. Paul Jove, historien.
1833. Nicolas Kratzer, astronome.
1834. Gruffi, menin de François I.
1835. Anne de Pisseleu duchesse d'Etampes.
1836. Béatrix d'Ascalona, comtesse de Montbel.
1837. François de Longuy.
1838. Jean de Bourbon, comte de Soissons.
1839. Anne Stewart.
1840. Claude d'Annebaut, maréchal de France.
1841. Suzanne d'Escars, dame de Pompadour.
1842. François III de La Tour-d'Auvergne, vicomte de Turenne.
1843. La vic. de Turenne.
1844. Ignace de Loyola.
1845 à 1847. Charles-Quint.
1848. Isabelle de Portugal, femme de Charles-Quint.
1849. Marie d'Autriche, reine de Hongrie.
1850. Granvelle.
1851. Muleï-Hassan, bey de Tunis.
1852. Renée de France, duchesse de Ferrare.
1853. André Doria.
1854. La duchesse de Guise.
1855. Le card. de Lorraine.
1856. François Pizarre.
1857. Fernand Cortez.
1858. Jean, duc de Bavière.
1859. Béatrix de Bade, duchesse de Bavière.
1860. Jean-Frédéric, électeur de Saxe.
1861. Sibille de Clèves et Jean-Frédéric de Saxe-Gotha.
1862-1863. Erasme.
1864. Madeleine de France, reine d'Écosse.
1865. Laurent de Médicis.
1866. Henri VIII, roi d'Angleterre.
1867. Thomas Morus.
1868. Guillaume Warham, arch. de Cantorbéry.
1869. Le cardinal Polus.
1870. Jean Fischer.
1871. Jules Romain.
1872. Michel-Ange Buonarotti.
1873. Alberti, architecte et peintre.
1874. Rabelais.
1875. Guillaume Budé, savant.
1876. André Alcial, jurisc.
1877. Christophe de Longueil, jurisconsulte.

1878. Le card. Bembo.
1879. Le card. du Bellay.
1880. Guillaume du Bellay, vice-roi du Piémont.
1881. René d'Amoncourt.
1082. Jacques Bertaut.
1883. Marguerite de Vangest, Maîtresse de Charles-Quint.
1884-1887. Henri II.
1888 à 1890. Catherine de Médicis.
1891. Antoine de Bourbon. roi de Navarre.
1892. Jeanne d'Albret, reine de Navarre.
1893-1894. Jean Babou.
1895. Saint-André, maréchal de France.
1896. André de Montalemb.
1897. Montgommery.
1898. François d'Apelvoisin.
1899. Jean Calvin.
1900. Dame de Beaupréau.
1901-1902. Philippe II, roi d'Espagne.
1903 à 1905. Elisabeth de France, reine d'Espagne.
1906. Don Carlos infant d'Espagne.
1907. Jeanne d'Autriche, princesse de Portugal.
1908. Marguerite d'Autriche duchesse de Parme.
1909. Le duc d'Albe.
1910. Alexandre Farnèse, duc de Parme:
1911. Jeanne d'Aragon.
1912. Maximilien II, empereur d'Allemagne.
1913. Marie d'Autriche, impérat. d'Allemagne.
1914. Pie V, pape.

1915. Guillaume I<sup>er</sup>, prince d'Orange.
1916-1917. Card. Granvelle.
1918 à 1920. Diane de Poit.
1921. Robert de Lenoncourt, cardinal.
1922. Louisse de Halwin.
1923. Jeanne de Halwin.
1924. Diane de Louvigny, duch. de Grammont.
1925. Foucquier, marchand.
1926-1927. François II.
1928. Marie Stuart, reine de France et d'Ecosse.
1929. Marguerite de France, duchesse de Savoie.
1930. François de Lorraine, duc de Guise.
1931. Le card. de Lorraine.
1932. Anne de Momorency, connétable de France.
1933. Madeleine de Savoie, duchesse de Montmorency.
1934. Michel de l'Hospital, chancelier de France.
1935-1936. Louis de Bourbon, I<sup>er</sup> du nom de prince de Condé.
1937. Eléonore de Roye, princesse de Condé.
1938. Claude Gouffièr, grand écuyer de France.
1939. Le card. de Châtillon.
1940. L'amiral de Coligny.
1941. François de Coligny, col.-gén. de l'infant.
1942. Louis 3<sup>e</sup> de la Trémouille.
1943. François 3<sup>e</sup> de La Rochefoucault.
1944. Pic de La Mirandolle (Sylvie), comtesse de La Rochefoucault.

1945. Saint-Gelais.
1946. Charles IX.
1947. Elisabeth d'Autriche, reine de France.
1948. Léonor d'Orléans, duc de Longueville.
1949 - 1950. Jacques de Savoie, duc de Nemours.
1951. Anne d'Este-Ferrare, duchesse de Guise.
1952. Duc de Montmorency, mar. de France.
1953. Louis de Clermont d'Amboise, seigneur de Bussy.
1954. François de Scepeaux, maréchal de France.
1955. Charles de La Rochefoucault, colonel-général d'infanterie.
1956. François de Carnavalet
1957. De Pibrac.
1958. Pierre Pithou.
1959. Marie Touchet, duchesse d'Entragues.
1960-1961. Henri III.
1962. Louise de Lorraine, reine de France.
1963. François de France, duc d'Anjou et d'Alençon.
1964. Marguerite de Bourbon, duch. de Nevers.
1965. Anne de Joyeuse, amiral de France.
1966. Bal donné à la cour de Henri III à l'occasion du mariage du duc de Joyeuse avec Marguerite de Lorraine, 1481.
1967. Bal donné à la cour de Henri III, (tableau du temps).
1968. Henri d'Angoulême,

grand prieur de France.
1969. Bianca Capello.
1970. Charles II, cardinal de Bourbon.
1971 - 1972. Catherine de Lorraine, duchesse de Montpensier.
1973. Henri de Bourbon, Ier du nom pr. de Condé.
1974. Charlotte de la Trémouille, princesse de Condé.
1975. Henri de Lorraine, duc de Guise (le Balafré).
1976. Le card. de Lorraine.
1977. Artur de Cossé, maréchal de France.
1978. Lavalette, amiral de France.
1979. Philippe Strozzi, col.-g. de l'inf. française.
1980. François de Bourbon, duc de Montpensier.
1981. Renée d'Anjou, duch. de Montpensier.
1982. La vicomt. de Joyeuse.
1983. La duch. de Joyeuse.
1984. Saint-Mégrin.
1985. Barnabé Brisson.
1986. Nic. de Beaufremont.
1987 Anne du Plessis-Liancourt.
1988. Anne de Rostaing.
1989. Madeleine Monsia.
1990. Urbain VII, pape.
1991. Grégoire XIII, pape.
1992. Innocent IX, pape.
1993. Cujas, jurisconsulte.
1994. Sigonius, célèbre savant.
1995. Vettori, savant.
1996. Le cardinal de Rambouillet.
1997. Paul de Foix, arche-

vêque de Toulouse.
1998. Le cardinal Tolet.
1999. Le cardinal Alanus.
2010. Dubartas, poète.
2001. Michel Montaigne.
2002. Grégoire IX, pape.
2003 - 2004. Sixte-Quint, pape.
2005. Clément VIII, pape.
2006. Léon XI, pape.
2007. Baronius.
2008. Le card. Bellarmin.
2009. Renaud de Beaune, archevêque de Sens.
2010. Scaliger, savant.
2011. Isaac Casaubon, théol.
2012. Juste Lipse, historien.
2013. Charles de Condé et Jean de Condé son fils.
2014 à 2020. Henri IV.
2021. Marguerite de Valois, reine de France.
2022 à 2024. Marie de Médicis, reine de France
2025. N.. duc d'Orléans.
2026. La princ. de Navarre.
2027. Procession de la Ligue (1593).
2028. Philippe de Mornay.
2029. Gabrielle d'Estrées.
2030. La marq. de Verneuil.
2031. Jacqueline de Beuil, comtesse de Moret.
2032. Le prince de Conti, mort en 1602.
2033 - 2034 Henri de Bourbon duc de Moutpensier.
2035. Diane ( légitimée de France ), duchesse d'Angoulême.
2036. Le duc d'Épernon, amiral de France.
2037 - 2038. Le duc de Biron,

maréchal de France.
2039. Guy de Laval-Montmorency.
2040. Claude de La Trémouille.
2041 - 2042. Nicolas de Neufville, ministre d'état.
2043. D'Espinay-Saint-Luc.
2044. Philippe Hurault, ch-de France.
2045. Anne de Thou.
2046. Pomponne de Bellièvre, ch. de France.
2047. François d'O, surinten.
2048 - 2049. Henri de Montmorency, connétable de France.
2050. Louise de Budos, duchesse de Montmorency.
2051-2052 Duc de Mayenne, amiral de France.
2053. Pierre Forget, secrétaire d'état.
2054. Louis de Revol, secrétaire d'état.
2055. Charles d'Humières.
2056. Albert de Gondy-Retz. mar. de France.
2057. Guillaume Davair, garde-des-sceaux.
2058. Étienne Pasquier, avocat-général à la chambre des comptes.
2059. Philippeaux de Pontchartrain.
2060. Martin-Ruzé, surintendant des mines.
2061. Charles de Gondy, marquis de Belle-Isle.
2062. Le cardinal d'Ossat.
2063. Le cardidal Duperron.
2064. Henri de Gondy, premier cardinal de Retz.

2065. St-François de Sales.
2066. Henri de Beaufremont,
2067. Catherine de La Ro-
chefoucault, duchesse
de Randon.
2068. Antoine d'Aumont.
2069. D'Harambure.
2070. Nicolas Jabot, pre-
mier méd. de Henri IV
2071. Hurault de Cheverny,
évêque de Chartres.
2072. Guillaume de Navarre,
prince d'Orange.
2073. Éléonore de Bourbon,
princesse d'Orange.
2074. Maurice de Nassau,
prince d'Orange, et
Henri-Frédéric N-
sau, prin. d'Orange.
2075. Maurice de Nassau,
prince d'Orange.
2076. Barnevelt, grand pen-
sionnaire de Hollande.
2077. Guillaume Barnevelt.
2078. Rodolphe II, empe-
reur d'Allemagne.
2079. Paul V, pape.
2080. Philippe III, roi d'Es-
2081-2082. Marguerite d'Autriche, reine d'Espag.
2083. Don Carlos, infant
d'Espagne.
2084 à 2086. Albert VII, archiduc d'Autriche,
souverain des Pays-B.
2087-2089. Isabelle d'Autr.
souv. des Pays-Bas.
2090. Jean de Montfort, directeur des Monnaies
des Pays-Bas.
2091. Otto-Venius et sa famille.
1° Cornelius Venius,
bourgmestre.

2° Gertrude.
3° Simon.
4° Anne.
5° Elisabeth.
6° Jean.
7° Otto-Venius, pein-
tre.
8° Marie.
9° Gilbert, graveur.
10° Pierre, pein-
tre.
11° Aldegonde.
12° Timanne.
13° Agathe.
14° Marie.
15° Marguerite.
16° Usnoute.
17° Elisabeth.
18° Nicolas.
19° Hugo.
2092. Guillaume V, duc de
Bavière-Munich.
2093. Côme II de Médicis,
grand duc de Tos-
cane.
2064. Christine de Lorraine,
grande duchesse de
Toscane.
2095-2096 Louis de Marillac,
mar. de France.
2097. Marquis d'Effiat, mar.
de France.
2098 à 2109. Louis XIII.
2110. Louis XIII et Ferdinand IV, archiduc
d'Autriche, roi de
Hongrie et de Bohême.
2111. Anne d'Autriche, le
dauphin (depuis Louis
XII) et Philippe de
France (depuis duc
d'Orléans).
2112. Louis XIV, Philippe
de France, et Fran-

çoise de Souvré, gou-
vernante des enfans
de France,

2115 - 2117. Gaston, duc
d'Orléans.

2118 à 2121. Marie de Bourbon, duch. de Mont-
pensier.

2122. Marguerite de Lor-
raine *Madame*, duch.
d'Orléans.

2123. M^lle de Longueville.

2124 - 2125. Henri de Bourbon, 2^e du nom, prince
de Condé.

2126. Charlotte de Montmorency, prin. de Condé.

2127. Louis de Bourbon ,
comte de Soissons.

2128. Henriette-Catherine ,
duch. de Joigny et de
Montpensier.

2129. Claude de Lorraine ,
duc de Chevreuse.

2130. Marie de Rohan du-
chesse de Chevreuse.

2131. François II, duc de
Lorraine et de Bar.

2132. Le duc de Mayenne.

2133. Catherine de Lorraine,
duchésse de Mantoue.

2134. Lediguières, connét.

2135 à 2138. Le cardinal de
Richelieu.

2139. Cinq-Mars.

2140. Michel de Marillac ,
garde des sceaux.

2141 - 2142. Le duc de Bellegarde.

2143. Moncade.

2144. Le duc de Fronsac.

2145. Henri de Bourbon.

2146. François de Commin-
ges, comte de Guitaut

2147. Christine de France,
duchesse de Savoie.

2148. Le comte de Cheverny.

2149. La comtesse de Che-
verny.

2150. Le mar. de Clérem-
bault.

2151. Madeleine Letellier ,
duchesse d'Aumont.

2152. Gustave-Adolphe , roi
de Suède.

2153. Spinola , général des
armées espagnoles.

2154. Henri-Fréd. de Nassau,
prince d'Orange.

2155. Georges Godart.

2156. Urbain VIII, pape.

2157. Corneille Jansenius ,
évêque d'Ypres.

2158. Le cardinal de Laro-
chefoucault.

2159. Antoine Triest, évêque
de Gand.

2160. De Brouchoven, éche-
vin d'Anvers en 1656.

2161. Galilée.

2162. Charles I^er, roi d'Angleterre.

2163 à 2167. Henriette de
France, reine d'An-
gleterre.

2168. Le duc de Buckingham.

2169. Olivier Cromwell.

2170. Rubens.

2171. Vandick.

2172. Bourdon (J.), peintre.

2173. Lemercier, architecte.

2174. Simon Vouet, peintre.

2175. Testelin , peintre.

2176. Poussin.

2177. Sébastien Bourdon ,
peintre.

2178. Innocent XI, pape.

2179. Louise-Marie de Gonzague, reine de Pologne.

2180. Léopold-Guillaume , archiduc d'Autriche.

2181. Thomas de Savoie , prince de Carignan.

2182. Philippe IV , roi d'Espagne.

2183 à 2186. Elisabeth de France, reine d'Espagne.

2187. Marie-Anne d'Autriche, reine d'Espagne.

2188 à 2190. Ferdinand, archiduc d'Autriche , cardinal, infant d'Espagne.

2191. Comte duc d'Olivarez.

2192. Frédéric III , roi de Danemarck et de Norwége.

2193. Abisoloni, général des Croates.

2194. Chrisine , reine de Suède.

2195. Christine. — Entourée de savans, elle écoute une démonstration géométrique de Descartes.

2196. François dd Lorraine, prince de Joinville.

2197-2198 Henri de Lorraine, duc de Guise, grand chambellan de France.

2199. La duchesse de Guise.

2200. Le duc de Joyeuse , grand chambellan de France.

2201. La duch. de Joyeuse.

2202. Françoise de Lorraine, abbesse de St.-Pierre de Reims.

2003. Le comte d'Harcourt.

2204. Duch. de Montbazon.

2205. Le maréchal de La Meilleraye.

2206. Marie Mignot , maréchale de l'Hôpital.

2207. Le présid. de Mesmes.

2208. Alexandre VII, pape.

2209. Arnault d'Andilly.

2210. Simon Guillain, sculpt.

2211. Jacques Sarrazin , sculpteur.

2212. Jean Novret , peintre.

2213 2228. Louis XIV.

2229-2230. Louis XIV, Philippe , duc d'Orléans, et Anne d'Autriche , reine - régente de France.

2231. Louis XIV et sa famille sous l'emblême des divinités de la fable : 1º Louis XIV; — 2º Marie-Thérèse; — 3º Louis dauphin ; — 4º Anne d'Autriche; — 5º Gaston d'Orléans ; — 6º Philippe , duc d'Orléans ; — 7º Henriette d'Angleterre ; — 8º Anne-Marie-Louise d'Orléans, Mademoiselle de Montpensier.

2232 à 2237. Marie-Thérèse d'Autriche , reine de France, et Anne d'Autriche, reine-mère , et le dauphin.

2238 à 2244. Philippe , duc d'Orléans, et Henriette d'Angleterre, duchesse d'Orléans.

2245. Elisabeth-Charlotte de

Bavière, duch. d'Or.

2246. Elisabeth - Charlotte de Bavière, duchesse d'Orléans; Alexandre d'Orléans · duc de Valois, et Philippe d'Orléans, duc de Chartres.

2247 à 2253. Anne-Marie-Louise d'Orléans, M^lle de Montpensier.

2254. Le duc de Guise.

2255-2256. Elisabeth d'Orléans, duch. de Guise.

2257 a 2261. Le grand Condé.

2262. La princesse de Condé.

2263. Le prince de Conti.

2264. La princ. de Conti.

2265-2266. Henri d'Orléans, duc de Longueville.

2267-2268. Duch. d'Orléans.

2269. Laure Mancini, duch. de Vendôme.

2270. Charles-Louis I^er, duc de Bavière.

2271. Charlotte de Hesse-Cas duch. de Bavière.

2272. Rupert de Bavière, vice-amir. d'Angleterre.

2273. Ed. de Bavière, prince palatin.

2274. Anne de Gonzague, princ. palatine.

2265. Philippe de Bav., pr. palatin.

2276. Louis de Vendôme, duc de Beaufort.

2277. Marie-Louise d'Apremont, duch. de Lorraine et de Bar.

2278. Le card. François de Lorraine.

2279. Françcise de Lorraine, duch. de Lorraine et de Bar.

2280. M^lle de Chevreuse.

2281. Chevalier de Lorraine.

2282. La duch. de Savoie.

2283. La duch. electrice de Bavière.

2284. Christine de Savoie.

2285. Don Juan d'Autriche, généralissime des armees espagnoles.

2286 à 2288. Turenne.

2289. Catherine de Grammont, pr. de Monaco.

2290. Louise Boyer, duch. de Noailles.

2291. François de La Rochefoucault.

2292. Le comte de Guitaut.

2293. La duch. de Lude.

2294. Duch. de St.-Simon.

2295. Maréch. de Créqui.

2296 à 2298. Card. Mazarin.

2299. Le chanc. Séguier.

2300 à 2302. Colbert.

2503-2505. Louvois.

2306. Le prés. Lamoignon.

2307-2308. Marq. de Seignelay, minist e d'éiat.

2309. Marq. de Colbert, surintend, des bâtimens.

2310. St.-André, chef d'escadre.

2311. Valbelle, chef d'escad·

2512. Le duc de Sully.

2313. Philippe Cordier, frère mineur; Alexandre Poquelin, frère mineur; et Charles Rapin, frère mineur,

2314 à 2322. Le dauphin, fils de Louis XIV.

2523-2524. Marie, de Bavière, dauphin.

2325. Le Dauphin et sa famille :

1° La Dauphine; —2° Le duc de Bourgogne ; — 3° Le duc d'Anjou ; — 4° Le duc de Berry.

2326-2327. Mlle de Condé.

2328. Le duc de Montansier.

2329. La princ. de Conti. fille de Louis XIV et de mad. de La Vallière,

2330. La duch. de Nemours.

2331. Marq. de Barbézieux.

2332. La comt. de Jarnac.

1533. Duch. de Grammont.

2334 à 2336. Mad. de La Vallière.

2337. Mlle de Fontanges.

2338. Mad. de Montespan.

2339. Mad. de Sévigné.

2340. Mad. de Grignan.

2341.. Duch. de Rohan.

2342. Anne de Schurmann.

2343. Molière.

2344. Riquet, l'ingénieur.

2445. Claude Perrault.

2346. Claude Perrault et Jules-Hardoin Manzard

2347. Charles II, roi d'Angleterre.

2348-2349. Catherine de Portugal, reine d'Angl.

2350-2351. Jacques II, roi d'Angleterre.

2352. Eléonore d'Este, femme de Jacques II.

2353. Louise-Marie Stuart, princ. d'Angleterre.

2354. Corneille de Wilt, amiral de Hollande.

2355. Michel Ruyter.

2356. Murillo, peintre

2357. Henri et Charles Beaubrun, peintres.

2358. Henri de Mauperché, peintre.

2359. Samuel Bernard.

2360. J.-B. de Champagne, peintre.

2361. Mic. Corneille, peintre

2362. Lerambert, sculpteur.

2363. Gaspard de Marsy, sculpteur.

2364. Charles II, roi d'Espagne.

2365 à 2368. Anne-Louise d'Orléans, reine d'Espagne.

2369. Marie-Anne de Bavière, reine d'Espagne.

2370. Léopold I$^{er}$, empereur d'Allemagne.

2371. Marguerite d'Autriche impér. d'Allemagne.

2372 à 2374. Jean III Sobieski, roi de Pologne.

2375. Charles V, duc de Lorraine et de Bar.

2376. Duchesse de Chaulnes.

2377. Comtesse d'Armagnac

2378. La comtesse de Foix.

2379. Anne de Rohan-Chabot, princ. de Soubise

2380. Duchesse d'Arpajon.

2381. La comt. de Frontenac.

2382. Duchesse de Bavière.

2383. Montéculli.

2384. Le mar. de Navailles.

2385. La mar. de Navailles.

2386. Mar. de Luxembourg.

2387. Vauban.

2388. Tourville.

2389. Catinat.

2390. Le mar. de Matignon.

2391. Le mar. de Noailles.

2392. Le père La Chaise.

2393. Le card. de Bouillon.

2394. Pierre Nicolle.

2395. Charles Gobinet.

2396. Bossuet.

2397. Fénélon.

2598. Guillaume III, roi d'Angleterre.

2399. Le même et sa femme.

2400. Elisabeth de Savoie, reine de Portugal.

2401. La duchesse Holstein de Bavière.

2402. Marlborough.

2403. Urbain Chevreau, précepteur du duc du Maine.

2404. Vandermeulen, peintr.

2405. Charles Lebrun, peintre.

2406. Le même et Pierre Mignard.

2407. Pierre Mignard.

2408. Pierre Mignard et sa fille, M^me de Feuquières.

2409. Puget.

5410. Carle Maratte.

2411. Lafosse, peintre.

2412. Sophie Chéron.

2413. Mansard et Claude Perrault.

2414-2415. Mansard.

2416-2417. Le Nôtre.

2418. J.-J. Keller.

2419. J.-B. Keller.

2420. J. Desjardins, contrôleur de Marly.

2421 à 2425. Le duc de Bourgogne.

2426 à 2429. Adélaïde de Savoie, duchesse de Bourgogne.

2430 à 2432. Le duc de Berry.

2433-2434. La duchesse de Berry, fille du Régent.

2435 à 2437. Philippe d'Orléans, rég. de France.

2438 à 2442. La Duch. d'Orléans, femme du Rég.

2443. Léopold, duc de Lorraine.

2444. La duch. de Lorraine.

2445-2446. Léopold-Clément, pr. de Lorraine.

2447. Louis XIII, prince de Condé.

2448. La princesse de Condé.

2449. Le prince de Conti.

2450. La princesse de Conti.

2451. Comte de Vermandois.

2452. Le duc du Maine

2453. Le duc du Maine et le comte de Toulouse.

2454 à 2456. La duchesse du Maine.

2457 à 2460. Le comte de Toulouse.

2461. Comtesse de Toulouse.

2462. Duchesse de Vendôme.

2465. Madame de Maintenon et la duchesse de de Bourgogne.

2464-2466. M^me de Maintenon.

2467. La même et de mademoiselle de Blois.

7468. Princesse d'Espinoy.

7469. M^lle d'Armagnac.

2470. La marq. de Lavardin.

2471. Le marq. de Dangeau.

2472. Chanwart, ministre d'état.

2473. La duch. de Châtillon.

2474. Nicolas Mesnager, plénipotentiaire au congrès d'Utrecht.

2475-2476. Ponchartrain, chancelier de France.

2477. Le marq. d'Argenson, garde-des-sceaux.

2478. Chérubin Lebel, évêque de Béthléem.

2479. Le marq. de Mézresè et sa sœur.
2480. Sainctot, introducteur. des ambassadeurs.
2481. Marie Rospigliosie.
2482. Barthélemy d'Herbelot, orientaliste.
2483. Santeul.
2484. Racine.
2485. Boileau-Despréaux.
2486. Charles Perrault.
2487. Leclerc, graveur.
2488. Girardon, sculpteur.
2489. Desjardins. sculpteur.
2490. J. Jouvenet, peintre.
2491 à 2493. Philippe V, roi d'Espagne.
2494. Elisabeth Farnèse 2e femme de Philippe V.
2495. La grande duchesse de Toscane.
2496. Le duc de Vendôme.
2497-2498. Prince Eugène.
2499. Le maréch. de Villars.
2500. Le duc d'Antin.
2501-2502. Mar. d'Estrées.
2503. La duch. de Villeroy.
2504. Le comte de Forbin.
2505. Le cardinal Dubois.
2506. Le card. de Noailles.
2507. Pontchartrain, sécrétaire d'état.
2508. Coipel, peintre.
2509 à 2511. Pierre-le-Grand.
2512. Sophie Alexiewna, co-régente de Russie.
2513. Alexis Pétrowitch, fils aîné de Pierre-le-Grand.
2514-2515. Charles XII, roi de Suède.
2516 à 2518. Stanislas I, roi de Pologne.

2519-2520. Catherine Knin-Opalinska, reine de Pologne.
2521. Michel de Tarlo.
2522. Achmet III, empereur des Turcs.
2523. Mehemet-Effendi, ambassad. turc en 1721.
2524. Le mar. de Matignon.
2525. La duchesse de La Trémouille.
2526. J.-Bapt. Rousseau.
2527. Robert de Cotte, architecte.
2528 Adrien Vander Werdt, peintre.
2529-2530. Coyzevox. sculpt.
2531. Claude Hallé, peintre.
2532-2533. Rigaud, peintre.
2534. Le Lorrain, sculpteur.
2535-2536. Largillière, peintre.
2537. Venghels, peintre.
2538. Frédéric-Guillaume I, roi de Prusse.
2539 à 2545. Louis XV.
2546-2550. Marie Leczinska, femme de Louis XV.
2551. Louis, duc d'Orléans.
2552. La duchesse d'Orléans.
2553. Mlle d'Orleans, abbesse de Chelles.
2554-2555. Mlle de Beaujolais.
2556. Mlle de Chartres.
2557 à 2559. Le prince de Condé, dit M. le Duc.
2560. La princesse de Condé, femme du précédent.
2561. Mlle de Clermont.
2562. Mme Boucher, accoucheuse.
2563. Le prince de Conti.

2564. Princesse des Ursins.
2565. Clément XII, pape.
2566. Charles VII, emper. d'Allemagne.
2567. Philippe, inf. d'Esp.
2568. Madame, duchesse de Parme, fille aînée de Louis XV.
2569. Benoît XIV, pape.
2570. Le maréchal de Saxe.
2571. Breteuil, minist. d'état.
2572. Angervilliers, ministre d'état.
2573. De Monville, ministre
2574. L'archevêque de Lyon.
2575. Le cardinal de Fleury.
2576. Le comte d'Argenson, ministre de la guerre.
2577. Philibert Orry, contrôleur des finances.
2578. Lenormand de Tournehem, directeur des bâtimens.
2579. La marquise de Pompadour.
2580. Mme de Graffigny.
2581. Destouches.
2582. André Bouys, peintre, et sa femme.
2583. Gabriel, architecte.
2584. Tardieu, graveur.
2585 à 2590. Le Dauphin, fils de Louis XV.
2591-2592. Marie-Thérèse d'Espagne, dauphine de France.
2593 à 2595. Marie de Saxe, 2e dauphine.
2596 Louis de France, duc de Bourgogne.
2597. Charles-Philippe, de France, comte c'Artois (depuis Charles X) et Marie-Adelaïde de

France (depuis reine de Sardaigne).
2598. Madame Henriette, fille de Louis XV.
2599 à 2605. Mme Adelaïde, fille de Louis XV.
3604 à 2610. Madame Victoire, fille de Louis XV.
2611 à 2616. Mme Sophie, fille de Louis XV.
2617 à 2619. Madame Louise, fille de Louis XV, prieure des carmélites de Saint-Denis.
2620-2621. La duchesse d'Orléans.
2623. Le prince de Dombes.
2624. Le duc du Maine.
2625. Le duc de Penthièvre et sa famille.
   1º Le prince et la princesse de Lamballe; — 2º la duch. d'Orléans; — 3º la comtesse de Toulouse.
2626. Mlle de Sens.
2627. Rouillé minist. d'état.
2628. Le comte d'Evreux.
2629. Machault, garde-des sceaux.
2630. De Meras, ministre de la marine.
2631. De Massiac, ministre de la marine.
2632. Desherbiers, chef d'escadre.
2633. La Galissonnière.
2634. Le marq. de Matignon.
2635. Elisabeth Petrowna, impératr. de Russie.
2636. Frédéric-Auguste II, roi de Pologne.
2637. Maupertuis.
2638. Claude Villaret, hist

2639. Robert Tournières, peintre.

2640. Detroy, peintre.

2641. Bouchardon, sculpt.

2642. Nicolas Ferry (dit Bébé), nain du roi de Pologne.

2643 à 2645. Marie-Thérèse, impér. d'Allemagne.

2646. François I, empereur d'Allemagne, et Marie-Thérèse, sa femme, avec leur famille.

2647-2648. Famille impér. d'Autriche. — Fête donnée à Vienne à l'occasion du mariage de Joseph II.

2649-2550. François I, empereur d'Allemagne.

2651. Charles de Lorraine, archiduc d'Autriche.

2652. Marie-Anne, sa femme.

2653-2654. Frédéric-le-Grand, roi de Prusse.

2655. Charles de Brunswick-Wolfenbuttel.

2656. Ferdinand de Brunswick.

2657. Maximilien - Joseph, électeur de Bavière.

2658. Marie de Bavière, électrice de Save.

2659. Chrétien II, comte palatin.

2560. Emmanuel Pinto de Fonseca, grand-maître de l'ordre de Malte.

2661. Le comte d'Outremont, évêq. de Liége.

2662. Le mar. de Belle-Isle.

2663. Le maréc. de Noailles.

2664. Le maréc. de Broglie.

2665. Mahé de Labourdon-naie, gouverneur des îles de France et de Bourbon.

2666-2667. Le duc de Choiseul, premier minist. sous Louis XV.

2668. Le duc de Choiseul-Praslin, ministre des affaires étrangères.

2669. Le marquis de Marigny, directeur des bâtimens.

2670. Catherine II, impératrice de Russie.

2671. Charles III, roi d'Esp.

2672. Joseph I, roi de Portugal.

2673. Charles Emmanuel III roi de Sardaigne.

2674. Voltaire.

2675. J.-J. Rousseau.

2676. Gresset.

2677. Georges III, roi d'Angleterre.

2678. Christiern VII, roi de Danemarck.

2679. François d'Este, duc de Modène.

2680. Maximilien Rothenfesse, archevêque de Cologne.

2681. Nicolas Berryer, garde-des-sceaux.

2682. L'abbé Terray.

2683. Boynes, min. de la mar.

2684. Carle Vanloo.

2685-2686. Louis Vanloo.

2687 à 2690. Louis XVI.

2691 à 2694. Marie-Antoinette.

2695-2696. Mme Elisabeth.

2697. Marie-Thérèse-Charlotte de France (depuis duch. d'Angoulême), et Louis-Charles de France, duc de Normandie.

2698. Louis - Antoine d'Artois, duc d'Angoul.

2699. Le même, Mademoiselle d'Artois, et Charles - Ferdinand d'Artois, duc de Berry.

2700. Bertin, contrôleur des finances.

2701. Le comte de Saint-Germain, ministre de la guerre.

2702-2703. Joseph II, empereur d'Allemagne.

2704. Léopold II, archiduc d'Autriche.

2705. Marie-Louise, infante d'Espagne, impératr. d'Allemagne.

2706. Ferdinand, archiduc d'Autriche.

2707. Béatrice d'Este, archiduchesse d'Autriche.

2708. Maximilien, archiduc d'Autriche.

2709. Gustave III, roi de Suède.

2710. Clément Wenceslas, archevêq. de Trèves.

2711. Marie-Amélie, duchesse de Parme.

2712-2713. Victor-Amédée III, roi de Sardaigne.

2714. Marie - Antoinette d'Espagne, reine de Sardaigne.

2715. Louis-Philippe-Joseph, duc d'Orléans, en habit des ordres.

2716-2717. La duch. d'Orléans (alors duch. de Chartres).

2718. Louis - Philippe d'Orléans, duc de Chartres, et sa famille.
   1° Sa femme.
   2° Le duc de Valois (depuis duc d'Orléans et ensuite Louis-Philippe I);
   3° le duc de Montpensier.

2719. Duc de Montpensier.

2720. Comte de Beaujolais.

2721. Abdal-Hamid, empereur de Turquie.

2722. Le grand visir du sultan Abdul-Hamid.

2723-2724. Pie VI, pape.

2725. Cardinal duc d'York.

2726. Le cardinal de Bernis.

2727 - 2728. Louis XVIII (alors comte de Provence), en habit de grand-maître de l'ordre de Saint-Lazare et du Mont-Carmel.

2729-2730. Marie de Savoie, sa femme.

2731-2932. Charles X (alors comte d'Artois), en habit de chevalier des ordres.

2733. Marie - Thérèse de Savoie, comt. d'Artois.

2734. Le prince de Condé.

2735. Le duc de Bourbon.

2736. La duch. de Bourbon.

2737. Mlle de Condé.

2738. Caroline de Brunswick. r. d'Angleterre (alors princesse de Galles).

2739. Gustave IV, roi de Suède.

2740. Turgot.

2741. Le comte de Guichen.

2742. Comte de Vergenne.
2743. Le mar. de Noailles.
2744. Frochecourt de Gribeauval, inspecteur-général de l'artillerie.
2745. Angevilliers de La Billarderie.

Et en outre près de 600 Sujets en sculpture, tels que Statues, Bustes et Bas-Reliefs.

## LE PARC RT LES JARDINS.

1° Le *Parterre d'Eau*, que vous trouvez en sortant du château, est ainsi appelé par deux bassins qui s'y trouvent, et sur les bords desquels vous pouvez remarquer 24 groupes en bronze, dont 8 de Nymphes, 8 d'Amours, et 8 représentant les principaux fleuves et rivières de la France.

2° Le *Parterre du Nord* : vous le trouvez à droite, un peu retiré du Parc, et vous y arrivez par un escalier latéral, orné de vases de bronze et de deux statues, la *Vénus pudique*, par Coysevox ; le *Rémouleur*, par Foggini : près de l'escalier de marbre, remarquez la *Fontaine des Pyramides*, par Girardon. A gauche et à droite, les deux bassins *des Couronnes*, par Lehongre et Tuby ; au nord, les *Bains de Diane*, dont les bas-reliefs sont de Legros et Lehongre ; aux angles du bassin, deux statues ; à droite, *le Sanguin*, par Jovenet ; à gauche, *le Colérique*, par Houzeau. Vons verrez adossées à la charmille du nord, 8 autres statues, dont au commencement, à droite, vers le château, *le Poème héroïque* (Drouilly) ; — *le Phlegmatique* (l'Espagnaudel) ; — *l'Asie* (Roger) ; — *le Poème satyrique* (Ruisser) ; — *l'Hiver* (Girardon), — *l'Été* (Hutinot) ; — *l'Amérique* (Guérin) ; — *l'Automne* (Regnaudin).

A l'ouest, remarquez également adossés à la charmille, 4 Termes : *l'Isias* (Dedieu) ; — *Théophraste* (Hurtrelle) ; *Socrate* (Granier) ; — *Apollonius* (Melo). — Et six statues, *Lisias* (Granier) ; — *la Terre* (Massou) ; *la Nuit* (Raon) ; — *l'Afrique* (Cornu) ; — *l'Europe* (Mazeline) ; — *le Midi* (Idem).

La *fontaine de Diane* est remarquable par ses deux lions, dont l'un terrassant un sanglier, l'autre un loup.

3° Le *Parterre du Midi* : vous le trouverez à gauche, en revenant au Parterre d'Eau, vous y remarquerez *Cléo-*

*pâtre se faisant piquer par un aspic;* et plusieurs beaux vases ornés de bas-reliefs.

4° *L'Orangerie:* vous trouvez le Parterre de l'Orangerie en descendant l'escalier des Cent-Marches, où vous verrez la statue de *Louis XIV,* par Desjardins; ensuite, derrière l'Orangerie, séparée par la route de Bretagne, la *Pièce d'eau des Suisses,* au bout de laquelle vous remarquerez, dans le milieu de l'espace de la Pièce d'Eau, de l'entrée du joli bois de Satory, le tableau équestre de *Curtius se précipitant dans le goufre,* par le cavalier Bernin.

5° Le *Parterre de Latone:* il fait suite au Parterre d'Eau, devant le Château, et pour y arriver, vous traversez deux terrasses, sur l'une desquelles se trouve le *Bassin de Latone,* qui a donné son nom à cette partie du Parc, comme en en étant le plus bel ornement; la terrasse est ornée de vases, et vous verrez nn groupe de marbre blanc, *Latone avec ses enfans,* par Marsy; des statues en ornent le pourtour: *Antinoüs* (Lacroix); — *Faustine* (Regnaudin); — *Hercule-Commode* (Couston); — *Mercure* (Molo); — *Apollon-Pythien* (Mazelino); — *le Gladiateur mourant* (Mesnier); — *la Vénus à la Coquille* (Coysevox); — *Castor et Pollux* (Coyzevox); — *Persée et Andromaque* (Puget).

6° Le *Bassin d'Apollon:* vous y arrivez par l'Allée royale, autrement, le *Tapis-Vert;* au bout de ce bassin, vous voyez le grand canal, en forme de croix; vous pourrez remarquer dans les statues du Pourtour du bassin d'Apollon, *Aristée enchaînant Protée,* par Goltz, et *Ino et Mélicerte,* par Granier.

8° Le *Bosquet de la Colonnade:* vous le trouvez en sortant du dernier, et faisant face au Château à droite; la première pièce, une superbe rotonde formée par 32 colonnes de marbre, se communiquant par des arcades couronnées par une corniche corinthienne, et sur chacune desquelles est placé un vase de marbre blanc; le groupe du milieu est *l'Enlèvement de Proserpine,* par Girardon.

8° La *Salle des Maronniers* ou Salle des Attiques: vous la trouvez près de la précédente pièce; vous y verrez les statues d'Antinoüs et de Miséagre, ainsi que les bustes de Marc-Aurèle, Alexandre, Antonin, Sévère, Othon, Octave, Annibal et Apollon. Tout près de cette salle, vous pourrez voir le *Bassin de Saturne,* orné d'un groupe de Girardon.

9° Le *Jardin du Roi:* à droite et à gauche deux cabinets de verdure; au milieu, un beau tapis de gazon, orné d'une statue de Flore, devant la pièce d'eau appelée le *Bassin du Miroir*, ainsi nommée par sa forme.

10° Le *Quinconce du Midi* : vous y arrivez en revenant vers le bassin de Saturne, et traversant la grande Allée. Il est orné de huit Termes.

11° Le *Bassin de Bacchus* : vous le trouvez en sortant du précédent, et en prenant l'allée du sud-est qui y conduit.

12° Le *Bosquet de la Reine*, ou Bosquet de Vénus ou du Labyrinthe : vous y arrivez en sortant du précédent par la petite allée au sud-est ; c'était autrefois le lieu de récréation des enfans de France, orné de 40 bassins en rocailles. Aujourd'hui ce n'est plus qu'un bosquet, et il sert de bal champêtre dans la belle saison pour le rendez-vous de la bonne société.

13° Le *Bosquet de la Salle de Bal* ; il est séparé du précédent par l'allée de Bacchus, et il forme cet ovale.

14° Le *Bosquet des Bains d'Apollon* : le plus beau du parc par son rocher et sa grotte. Vous y arrivez par la petite grille qui est auprès de la statue de Ganimède ; en sortant du précédent bosquet et traversant le bas du parterre de Latone ; en sortant de ce bosquet, vers le nord, vous trouvez l'allée de Flore et de Cérès, dans laquelle vous verrez deux bassins, ornés chacun d'un groupe, dont ils portent le nom.

15° Le *Bosquet du Rond-Vert* : que l'on nomme ainsi, par un petit boulingrin circulaire qui en forme le milieu, lequel est longé par quatre allées coupées à angles droits, et au bout une niche de verdure.

16° Le *Bosquet de l'Etoile* : que l'on nomme ainsi par les allées qui s'y croissent en forme d'étoile. Vous y remarquerez le groupe de *Jupiter et Ganimède*.

17° Le *Quinconce du Nord*, le pendant de celui du midi.

18° Le *Bosquet des Dômes*, au milieu duquel est un bassin entouré d'une balustrade en marbre, avec des pilastres ornés d'un grand bas-relief qui représentent *les armes des peuples européens*, et 8 statues ornant le Pourtour : *Arion* ( Raon ); — *Flore* (Magnier) ; — *Acis* (Tuby) ; — *l'Aurore* ( Legros ); — *Amphytrite* (Augier) ; — *une Nymphe* ( Flamen ) ; — *Galatée* (Tuby).

19° La *Salle d'Encelade* : tout près du précédent.

20° Le *Bassin de l'Obélisque* : ainsi appelé par sa gerbe d'eau qui a la forme d'un obélisque.

21° Le *Bassin de Neptune* : qui contient la plus belle pièce d'eau du Parc, avec 23 jets ; sa tablette est ornée de 22 vases de chacun desquels s'élève un jet d'eau; au-dessus de la tablette, trois groupes : le groupe de *Neptune* (Adam) ; — le groupe de *Protée* (Bouchardon) ; — le groupe de *l'Océan* (Lemoine fils). Les angles sont de Bouchardon, et au Pourtour, trois statues : *Bérénice* (L'Espingole) ; —*Faustine* (Frémery) ; — *la Renommée publiant la gloire de Louis XIV* (Guidi).

22° Les *Bosquets de l'Arc-de-Triomphe* et des *Trois-Fon aines*; ils sont fermés et sont situés à l'est et à l'ouest de l'allée d'Eau.

## CAFÉS.

LABROUSSE, pl. d'Armes, au coin de la rue Hoche.
GROSSOEUVRE, place Hoche, café Midroit.
DUMONT, *café de la Préfecture*, rue des Réservoirs.
PROSPER, *café du Phénix*, près le Théâtre.
AUGUSTE, *café du Théâtre*, dans le Parc.
AMAURY, avenue de Saint-Cloud, 21.
CAFÉ BELLE VUE, rue Royale, 5.

## RESTAURANS.

JUMEAU, *hôtel de France*, place d'Armes, 5.
MAHIAS, *hôtel de Bourgogne*,, place d'Armes, 11.
DUBOUX, *hôtel des Réservoirs*, rue des Réservoirs.
HENNEQUIN, *hôtel de l'Europe*, rue des Réservoirs.
CLÉRY, pl. Hoche, 10, au coin de la rue de la Pompe.
ROGINE, *aux deux Frères*, place Hoche.
LEDOUX, *hôtel du Chapeau Rouge*, rue de la Geôle, 15.
OURSEL, rue de la Chancellerie, 8.
LEBON, *hôtel du Musée*, rue des Récollets, 4, près le Château. — (Déjeûners et Dîners par tête).
DUCHEMIN, rue de l'Orangerie, 66.

## Mⁿᵈˢ-DE-VINS-TRAITEURS.

LAPRESTÉ, place d'Armes, 9.
FEUCHER, place d'Armes, 17, maison des Gondoles.
HUG, place d'Armes, 13.
LEBREC, avenue de Saint-Cloud, 15.
TITREVILLE, avenue de Saint-Cloud, 3.
DUVIVIER, avenue de Saint-Cloud, 28.

FIN.